Voltaire

Candide

Adaptation d'**Annie Renaud**
Illustrations d'**Alfredo Belli**

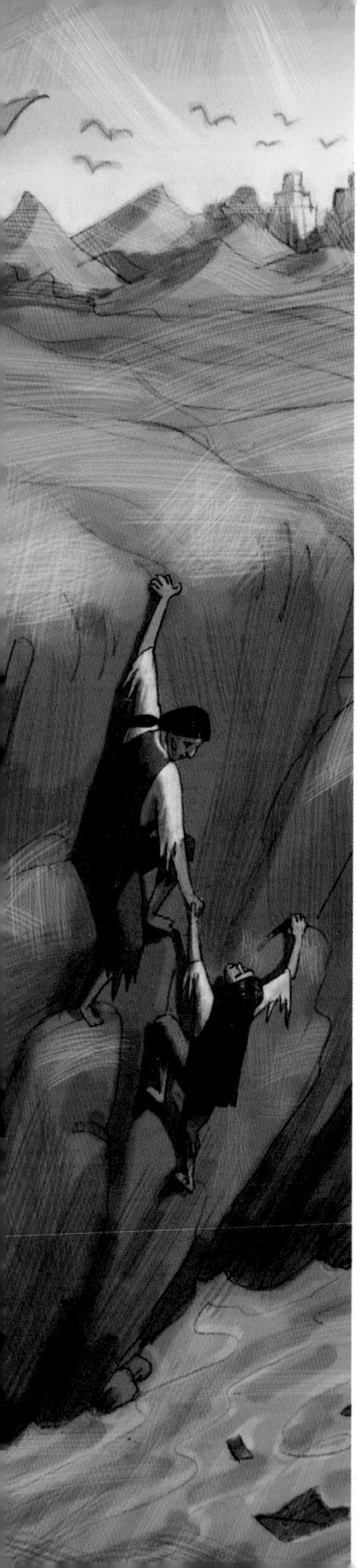

The design, production and distribution of educational materials for the CIDEB brand are managed in compliance with the rules of Quality Management System which fulfils the requirements of the standard ISO 9001 (Rina Cert. No. 24298/02/S - IQNet Reg. No. IT-80096)

Secrétariat d'édition : Chiara Blau
Rédaction : Annalisa Martone
Conception graphique : Sara Fabbri, Erika Barabino
Mise en page : Annalisa Possenti
Recherche iconographique : Alice Graziotin

Direction artistique : Nadia Maestri

Première édition : Mars 2018

Dans cette période de transition, l'éditeur a décidé de respecter l'orthographe traditionnelle.

Crédits photographiques :
Shutterstock; iStockphoto; Musée Antoine Lecuyer, Saint-Quentin, France/Bridgeman Images: 4; Hemis/Alamy Stock Photo: 5; De Agostini Picture Library: 33, 35, 55(5), 79(1), 80(5), 95(1); Niedersachsisches Landesmuseum, Hanover, Germany/ Flammarion/Bridgeman Images: 34.

Pour toute suggestion ou information, la rédaction peut être contactée à l'adresse suivante :

info@blackcat-cideb.com
blackcat-cideb.com

Imprimé en Italie par Italgrafica, Novara.

Sommaire

DELF Cette icône signale les activités de type DELF

n. piste LE TEXTE EST ENTIÈREMENT ENREGISTRÉ.

Voltaire

Les premières années

Voltaire (pseudonyme de François-Marie Arouet) naît à Paris en 1694. Il étudie au collège Louis-le-Grand où il constate l'intolérance religieuse des pères jésuites, ce qui ne fait que renforcer sa haine de toute forme d'intolérance ; après des études de droit, il s'intéresse à la littérature et fréquente les salons et les milieux libertins. Dès 1717, ses premiers écrits satiriques contre le Régent[1] lui valent plusieurs séjours à la Bastille, utilisée à cette époque comme prison d'État. Voltaire triomphe dans les salons, collectionne les liaisons scandaleuses et se dédie à la tragédie et à la poésie épique, mais, en 1726, sa carrière littéraire est encore interrompue par un séjour à la Bastille et par un exil en Angleterre à la suite d'un commentaire ironique lancé au fils d'une puissante famille qui l'avait provoqué.

L'expérience anglaise

Le séjour de deux ans en Angleterre est prolifique puisqu'il y rencontre des hommes de lettres, des philosophes et des savants. Les *Lettres philosophiques* naîtront de cette période. Voltaire y vante le fonctionnement des institutions anglaises, basées sur la tolérance et la liberté, et ridiculise les traditions monarchiques françaises. Comme beaucoup d'autres de ses œuvres, l'ouvrage sera brûlé. Telle sera la

1. **Régent** : pendant les premières années du règne de Louis XV, encore trop jeune, le pouvoir est délégué au Régent, Philippe d'Orléans, son cousin.

carrière de Voltaire, une succession de brillants écrits et de constantes persécutions par la justice.

Une retraite forcée

C'est à Cirey que Voltaire choisit de se retirer de 1734 à 1749 afin d'écrire dans la clandestinité. Il est hébergé par Mme du Châtelet, sa grande amie et maîtresse, qui l'encourage à étudier la chimie, la mathématique, la physique et la métaphysique[2]. Il écrit le *Traité de métaphysique*, les *Éléments de la philosophie de Newton* et les *Discours sur l'homme*, tout en continuant à se consacrer à l'histoire et au théâtre. C'est là que Voltaire acquiert la culture encyclopédique qui le rendra un auteur incontournable du siècle des Lumières.

Ses séjours à Cirey sont entrecoupés de fuites à l'étranger, après certaines publications jugées scandaleuses, et de missions

2. **métaphysique** : l'étude de tout ce qui est en dehors du monde physique et de l'expérience objective.

Le château de Cirey où Voltaire a été hébergé par Mme du Châtelet.

diplomatiques officielles. En 1745, il est élu à l'Académie française[3] tout en subissant l'hostilité des catholiques.

Une vie intense

Voltaire séjourne ensuite à Berlin, mais il doit bientôt s'enfuir pour avoir publié des pamphlets satiriques. Il trouve asile à Genève en 1753 où il achève[4] l'*Essai sur les Mœurs* et d'autres œuvres historiques. La polémique avec Rousseau l'oblige cependant à quitter la ville en 1758. Il achète alors une propriété à Ferney, proche de la frontière suisse, afin d'échapper facilement à la justice. Il publie *Candide* et mène une vie très active, intervenant parfois dans de grandes affaires judiciaires pour réhabiliter des personnes injustement condamnées (l'Affaire Calas en 1762). À Ferney, son activité littéraire reste intense. Il meurt à Paris en 1778 après l'accueil triomphal de sa dernière pièce de théâtre.

Compréhension écrite

1 Lisez le dossier, puis dites si les affirmations sont vraies (V) ou fausses (F).

		V	F
1	Voltaire détestait l'intolérance sous toutes ses formes, en particulier l'intolérance religieuse.	☐	☐
2	Voltaire était très critique à l'égard du système politique de l'Angleterre.	☐	☐
3	Même si Voltaire a eu des problèmes avec la justice pendant toute sa vie, il a été membre de l'Académie française de son vivant.	☐	☐
4	Lorsqu'il s'est installé à Ferney, Voltaire a pratiquement cessé d'écrire pour se consacrer à d'autres causes.	☐	☐

---

3. **Académie française** : institution créée par Richelieu dont la mission est de fixer les règles de l'orthographe et de la grammaire française.
4. **achever** : finir une chose, une action commencée, terminer.

Personnages

De gauche à droite :
Martin, Pangloss, Candide, Cunégonde, la vieille, Cacambo.

Avant de lire

1 Associez chaque mot à sa définition.

1	☐	consterné	**a**	protecteur
2	☐	taille	**b**	tissu
3	☐	appétissant	**c**	recruter dans l'armée
4	☐	fustiger	**d**	faire partir quelqu'un
5	☐	tempérament	**e**	qui suscite la gourmandise
6	☐	chuchoter	**f**	désolé
7	☐	émollient	**g**	troupes de soldats
8	☐	étoffe	**h**	dire quelque chose à voix basse
9	☐	régiment	**i**	qui mérite la confiance
10	☐	chasser	**j**	stature
11	☐	défenseur	**k**	qui calme l'inflammation de la peau
12	☐	enrôler	**l**	caractère
13	☐	digne	**m**	donner des coups avec un bâton

2 Complétez les phrases par les lieux visités par Candide dans le chapitre 1.

la Westphalie la Hollande la Bulgarie

Au 18ème siècle,

(1) .... s'appelle « Les Provinces Unies ». C'est une république qui tolère toutes les religions ;

(2) .... est encore sous la domination de l'Empire Ottoman, et ce depuis la fin du 14ème siècle ;

(3) .... est un duché autonome situé en Allemagne, au nord-est de la Cologne.

CHAPITRE 1

Candide combat les Bulgares[1]

Il y a en Westphalie, dans le château du baron de Thunder-ten-Tronckh, un jeune garçon à qui la nature a donné le tempérament le plus doux. On l'a nommé Candide car son jugement est droit et son esprit simple. Certains chuchotent que c'est le fils de la sœur de monsieur le baron et d'un gentilhomme sans fortune. Monsieur le baron est un des plus puissants seigneurs de la Westphalie car son château a une porte et des fenêtres et qu'il sait se rendre utile au voisinage. Madame la baronne est une femme très respectée, d'autant plus qu'elle pèse environ cent trente kilos. Leur fille Cunégonde a dix-sept ans, elle est fraîche, grasse et appétissante. Quant au fils il paraît en tout point digne de son père. Leur précepteur, Maître Pangloss,

1. **les Bulgares** : peuple de la Bulgarie.

leur enseigne la métaphysico-théologo-cosmolonigologie[2]. Selon lui, il n'y a point d'effet sans cause et les hommes vivent dans le meilleur des mondes possibles.

— Il est démontré que les choses ne peuvent être autrement, dit-il, tout étant fait pour une fin, tout est nécessairement pour la meilleure fin : les nez ont été faits pour porter des lunettes, aussi avons-nous des lunettes. Les pierres ont été formées pour faire des châteaux, aussi monseigneur a-t-il un très beau château.

Candide, innocemment, croit dans les théories de Pangloss. Il trouve Mlle Cunégonde très belle, même s'il n'a jamais eu le courage de le lui dire, et se juge bienheureux de la voir tous les jours. Un soir, Cunégonde laisse tomber son mouchoir. Candide le ramasse et soudain, les voilà troublés[3] tous les deux. Leurs bouches se rencontrent et leurs mains s'égarent[4]. C'est alors que monsieur le baron les surprend et que, voyant cette cause et cet effet, il chasse Candide à grands coups de pieds dans le derrière. Tout le monde est consterné dans le plus beau château du monde.

Candide se retrouve seul et sans argent. Épuisé après deux jours de marche dans la neige, il finit par entrer dans une auberge pour se réchauffer. Il est alors remarqué par deux hommes en bleu qui l'invitent à dîner.

— N'avez-vous pas cinq pieds cinq pouces de haut[5] ?

— Oui, messieurs, c'est ma taille.

— N'aimez-vous pas tendrement ?

— Oh oui, j'aime tendrement Mlle Cunégonde.

---

2. **la métaphysico-théologo-cosmolonigologie** : trois disciplines sérieuses et un terme inventé, la « nigologie » (nigaud signifie « peu intelligent »).
3. **troublé** : ému, embarrassé.
4. **s'égarer** : vagabonder.
5. **cinq pieds cinq pouces de haut** : 1m75 environ.

CHAPITRE 1

— Non, n'aimez-vous point tendrement le roi des Bulgares ?

— Pas du tout, car je ne le connais point.

— Comment ! Il faut boire à sa santé !

Candide boit et devient malgré lui le défenseur et le héros des Bulgares. Le voilà enrôlé de force dans le régiment. On le fait tourner à droite, à gauche, tirer au fusil, et on lui donne des coups de bâton s'il fait mal l'exercice. Au bout de trois jours, il y arrive à peu près correctement et, à sa stupéfaction, on le considère un prodige.

Convaincu d'être encore un homme libre, Candide décide un beau jour d'aller se promener. Il n'a pas fait huit kilomètres qu'il est emmené au cachot[6]. On lui demande s'il préfère être battu trente-six fois par tout le régiment ou recevoir douze balles[7] dans la cervelle. Comme il ne veut ni l'un ni l'autre, Candide proteste au nom de sa liberté. Cependant, il lui faut choisir. Il se résout donc à la première solution. Après avoir reçu quatre mille coups de baguettes qui lui découvrent les muscles et les nerfs, Candide demande comme une faveur qu'on veuille bien avoir la bonté de lui casser la tête. Le roi des Bulgares passe à ce moment, il s'informe de son crime et décide de lui accorder sa grâce. Un brave chirurgien guérit Candide avec des émollients et il réussit à peine à marcher quand le roi des Bulgares attaque le roi des Abares[8].

Rien n'est plus beau que ces deux armées au combat. Les trompettes, les flûtes et les tambours se mêlent au bruit des canons, formant une harmonie au son de laquelle douze mille hommes disparaissent du meilleur des mondes. Les mousquets[9]

---

6. **un cachot** : une petite cellule de prison étroite et obscure.
7. **une balle** : un projectile d'arme à feu.
8. **les Abares** : peuple de la Mongolie.
9. **un mousquet** : une arme à feu du 18ème siècle.

et les baïonnettes[10] sont aussi la raison suffisante de la mort de plusieurs milliers d'hommes...

Candide, tremblant comme un philosophe, se cache pendant cette boucherie héroïque. Il gagne un village voisin que les Bulgares ont brûlé. Des vieillards mourants regardent mourir leurs femmes égorgées, des cervelles sont répandues sur la terre à côté de membres coupés. Candide s'enfuit alors dans un autre village mais les héros Abares l'ont réduit de la même façon. Il finit par rejoindre la Hollande, un pays chrétien où il ne doute pas d'être bien accueilli.

Après avoir demandé l'aumône[11] sans succès à plusieurs personnes, Candide finit par s'adresser à un homme qui fait l'éloge de la charité dans une grande assemblée. Le regardant de travers, ce dernier lui demande :

— Que faites-vous ici ? Y êtes-vous pour la bonne cause ?

— Il n'y a point d'effet sans cause, tout est enchaîné et arrangé pour le mieux. Il a fallu que je sois chassé du château de Mlle Cunégonde, que je sois fustigé et il faut que je demande mon pain jusqu'à ce que je puisse en gagner.

— Tu ne mérites pas d'en manger. Va misérable et ne t'approche plus de moi !

Un bon anabaptiste[12] nommé Jacques, s'indigne de la manière cruelle dont Candide est traité. Il l'amène chez lui, lui donne à manger et propose même de lui apprendre à travailler dans une manufacture aux étoffes de Perse qu'on fabrique en Hollande. Candide, touché par cette générosité, se prosterne à ses pieds et s'écrie :

— Maître Pangloss me l'avait bien dit que tout est au mieux dans ce monde !

---

10. **une baïonnette** : une épée mise au bout du fusil.
11. **l'aumône** : don de faible valeur fait aux pauvres.
12. **un anabaptiste** : chrétien en faveur du baptême des adultes seulement.

Après la lecture

Compréhension écrite et orale

piste 02

1 Écoutez et lisez le chapitre, puis répondez aux questions suivantes.

1 Quels sont les traits de caractère de Candide ?

....

2 Qui habite dans le château de Thunder-ten-Tronckh ?

....

3 Quelle est la théorie de Maître Pangloss ?

....

4 Pourquoi Candide est-il chassé du château ?

....

5 Quelle préparation Candide doit-il faire dans l'armée bulgare ?

....

6 Quelles armes sont utilisées dans la guerre des Bulgares contre les Abares ?

....

7 Candide est-il courageux pendant cette guerre ?

....

8 Par qui Candide est-il recueilli en Hollande ?

....

2 Remettez dans l'ordre chronologique de l'histoire les différents épisodes. Le premier et le dernier épisode sont déjà signalés.

1 ☐ Il s'échappe en Hollande.
2 [8] Il est recueilli par un bon anabaptiste nommé Jacques.
3 ☐ Il est arrêté pendant une promenade.
4 [1] Candide est chassé du château.
5 ☐ Il est bastonné par le régiment.
6 ☐ Il rencontre des hommes vêtus de bleu dans une auberge.
7 ☐ Il est enrôlé dans l'armée bulgare.
8 ☐ Il est gracié par le roi des Bulgares.

3 **Associez les informations données à un personnage.**

1	☐	Elle est fraîche, grasse et appétissante.	a	La mère de Candide
2	☐	Il est doux, juste et d'une grande simplicité.	b	Le frère de Cunégonde
3	☐	C'est la sœur de monsieur le baron.	c	Madame la baronne
4	☐	Il est digne de son père.	d	Candide
5	☐	Elle pèse environ cent trente kilos.	e	Jacques
6	☐	Il gracie Candide.	f	Monsieur le baron
7	☐	C'est un généreux anabaptiste.	g	Maître Pangloss
8	☐	Il enseigne la métaphysico-théologo-cosmolonigologie.	h	Cunégonde
9	☐	C'est un seigneur très puissant en Westphalie.	i	Le roi des Bulgares

Enrichissez votre vocabulaire

4 **Regroupez les mots qui ont un rapport entre eux.**

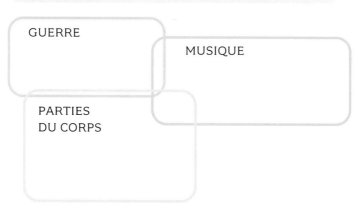

cervelle enrôler trompettes fusil harmonie
muscle flûtes combat tambours nerf

GUERRE

MUSIQUE

PARTIES DU CORPS

Avant de lire

1 **Associez chaque mot à l'image correspondante, puis cochez ceux qui ont un rapport avec la mer.**

a	☐	un matelot	d	☐	un mât	g	☐	une traînée
b	☐	un mendiant	e	☐	de la cendre	h	☐	des ruines
c	☐	un franciscain	f	☐	un capitaine	i	☐	une voile

CHAPITRE 2

Candide retrouve Pangloss

Le lendemain, en se promenant, Candide rencontre un mendiant aux yeux morts et aux dents noires. Alors qu'il lui donne une aumône généreuse, le misérable se met à pleurer et l'embrasse.

— Ne reconnaissez-vous pas votre cher Pangloss ?

— Quoi, vous, dans cet état horrible ? Que vous est-il arrivé ? Qu'est devenue Cunégonde, la perle des filles ?

— Cunégonde est morte !

Pangloss raconte alors à Candide horrifié les malheurs qui se sont abattus sur le château de Thunder-ten-Tronckh. Monsieur le baron et madame la baronne ainsi que leur fils sont morts en essayant de défendre Cunégonde, violée et éventrée par des soldats bulgares. Il ne reste pas une pierre du château.

— Cependant, ajoute Pangloss, nous avons été bien vengés car les Abares en ont fait autant dans la baronnie voisine d'un seigneur bulgare.

Candide s'évanouit après tous ces détails, puis il reprend conscience.

— Mais, mon cher Pangloss, qu'est-ce qui vous a mis dans un tel état ?

— Hélas, c'est l'amour, le consolateur du genre humain, le conservateur de l'univers, le tendre amour.

— Hélas, je l'ai connu cet amour, ce souverain des cœurs. Il m'a valu un baiser et vingt coups de pieds au derrière. Comment cette cause a-t-elle produit un effet si horrible ?

— Mon cher Candide, vous souvenez-vous de Paquette, la suivante[1] de madame la baronne ? J'ai goûté dans ses bras les délices du paradis, mais elle était infectée de la vérole[2]. Elle tenait ce présent d'un franciscain qui l'avait eu d'une vieille comtesse qui l'avait reçu d'un capitaine qui le devait à une marquise... L'histoire est bien longue, mais sachez que la généalogie de mon infection remonte directement à l'un des compagnons de Christophe Colomb.

— Ô Pangloss ! N'est-ce pas le diable qui en est l'origine ?

— Point du tout. C'est une chose indispensable dans le meilleur des mondes, car si Colomb n'avait pas attrapé la vérole, nous n'aurions ni le chocolat ni la cochenille[3], tous deux en provenance de l'Amérique. Cette maladie est particulière à notre continent, comme la polémique. Les Turcs, les Indiens, les Persans et les Chinois ne la connaissent pas encore mais il y a une raison suffisante pour qu'ils la connaissent à leur tour dans quelques siècles.

Pangloss étant très pauvre, Candide supplie Jacques, son bienfaiteur anabaptiste, de le soigner à ses frais. Dès qu'il est guéri, Pangloss aide Jacques à tenir ses comptes car il sait parfaitement l'arithmétique.

---

1. **une suivante** : une domestique au service d'une femme.
2. **la vérole** : une maladie vénérienne, synonyme de syphilis.
3. **une cochenille** : un insecte produisant une teinture rouge.

Candide retrouve Pangloss

Deux mois après, Jacques prend le bateau pour Lisbonne afin de régler quelques affaires. Il emmène avec lui Candide et Pangloss. En bon philosophe, Pangloss en profite pour expliquer à Jacques, qui n'est pas de cet avis, comment tout est au mieux dans ce monde. À la fin du voyage, juste avant d'arriver dans le port, le ciel s'obscurcit et des vents très puissants se mettent à souffler. C'est la tempête. Les voiles sont déchirées, les mâts brisés, le navire est en danger. Après avoir sauvé de justesse[4] un matelot qui était tombé à l'eau, Jacques est à son tour précipité dans la mer. Il disparaît sous le regard indifférent du même matelot qu'il avait à peine sauvé. Candide est désespéré. Il veut se jeter à la mer mais Pangloss l'en empêche en lui prouvant que la rade[5] de Lisbonne avait été formée exprès pour que cet anabaptiste s'y noie[6]. Le bateau coule et les deux philosophes rejoignent Lisbonne en s'agrippant[7] à un morceau de bois.

À peine arrivés dans la ville, ils sentent la terre trembler sous leurs pas, la mer monte en bouillonnant[8] et brise les bateaux dans le port, des tourbillons de flammes et de cendres couvrent les rues, les maisons s'écroulent et trente mille habitants sont écrasés sous des ruines.

— Voici le dernier jour du monde ! s'écrie Candide avant de tomber, blessé par des éclats de pierre.

— Ce tremblement de terre n'est pas une chose nouvelle : Lima a subi les mêmes secousses en Amérique l'année passée. Mêmes causes, mêmes effets : il y a certainement une traînée de soufre[9] sous terre depuis Lima jusqu'à Lisbonne.

---

4. **de justesse** : in extremis, avec une toute petite marge.
5. **la rade** : le bassin d'un port.
6. **se noyer** : mourir par immersion.
7. **s'agripper** : s'accrocher fermement avec les doigts à quelque chose ou à quelqu'un.
8. **bouillonner** : être agité, produire des bouillons, en parlant de l'eau.
9. **soufre** : élément chimique non métallique de couleur jaune.

— Rien n'est plus probable, murmure Candide avant de perdre connaissance, couvert de débris[10].

Le lendemain, Candide et Pangloss secourent les habitants qui ont échappé à la mort. Ils sont invités à manger mais, vu les circonstances, le repas est bien triste. Sauf pour Pangloss, qui console les invités en les assurant que les choses ne pouvaient être autrement :

— Tout ceci est ce qu'il y a de mieux. Car s'il y a un volcan à Lisbonne, il ne pouvait être ailleurs. Les choses sont là où elles doivent être, car tout est bien.

Les invités sont sceptiques.

Peu après, les sages du pays décident de donner au peuple un bel auto-da-fé[11]. Selon eux, le spectacle de quelques personnes brûlées en public est un secret infaillible pour empêcher un nouveau tremblement de terre. Plusieurs personnes sont arrêtées, parmi lesquelles Pangloss et Candide. Le premier, pour avoir parlé, l'autre pour l'avoir écouté et approuvé. Ils sont emprisonnés puis, huit jours après, conduits en procession vêtus d'un san-benito[12]. Après un sermon pathétique suivi d'une musique improvisée, certains prisonniers sont brûlés, tandis que Candide est frappé en cadence. Pangloss, lui, est pendu. Ce soir-là, la terre tremble encore violemment. Candide, éperdu de douleur, se dit :

— Si c'est ici le meilleur des mondes possibles, que sont donc les autres ?

C'est alors qu'une vieille l'aborde et lui dit :

— Mon fils, prenez courage, suivez-moi.

---

10. **un débris** : un fragment écroulé.
11. **un auto-da-fé** : exécution par le feu (mot espagnol).
12. **un san-benito** : un vêtement porté par un condamné au bûcher.

Après la lecture

Compréhension écrite et orale

piste 03

1 DELF Écoutez et lisez le chapitre, puis cochez la bonne réponse.

1 Lorsque Candide rencontre Pangloss
- a ☐ il le reconnaît tout de suite.
- b ☐ il ne le reconnaît pas du tout.
- c ☐ il le reconnaît après un moment, car il a beaucoup changé.

2 Selon le récit de Pangloss,
- a ☐ Cunégonde et sa famille sont tous morts.
- b ☐ Cunégonde est vivante mais ses parents sont morts.
- c ☐ seuls Cunégonde et son frère ont été tués.

3 Pangloss a attrapé la vérole
- a ☐ à cause de madame la baronne.
- b ☐ à cause de Paquette, la suivante de madame la baronne.
- c ☐ à cause d'une vieille marquise.

4 À l'arrivée de Candide et Pangloss, la ville de Lisbonne subit
- a ☐ un incendie.
- b ☐ un tremblement de terre.
- c ☐ un tsunami, un incendie et un tremblement de terre.

5 Après son arrestation et l'auto-da-fé qui a suivi, Candide
- a ☐ commence à douter qu'il vit dans le meilleur des mondes.
- b ☐ se dit que Pangloss avait peut-être raison.
- c ☐ est convaincu que Pangloss avait tout à fait raison.

Production orale

2 DELF Avez-vous jamais entendu parler d'une catastrophe comme celle décrite dans ce chapitre (tremblement de terre, tsunami ou autre) ? Indiquez où et quand ces événements sont arrivés, puis décrivez ce qui s'est passé et quelles ont été les conséquences.

Grammaire

Les verbes pronominaux

Les verbes pronominaux se construisent avec un pronom réfléchi qui correspond au sujet (**me, te, se, nous, vous, se**) positionné avant le verbe.

Le misérable ***se met*** *à pleurer.*

Si le verbe commence par une voyelle, les pronoms réfléchis **me**, **te**, **se** prennent la forme suivante : **m'**, **t'**, **s'**.

Candide ***s'évanouit****.* *Le ciel* ***s'obscurcit****.*

À la forme interrogative, lorsque l'inversion est utilisée, le pronom réfléchi est placé après le verbe.

*Vous souvenez-****vous*** *de Paquette ?*

Au passé composé, les verbes pronominaux se conjuguent avec l'auxiliaire **être** et le participe passé s'accorde avec le sujet, sauf si l'objet est indirect.

Les malheurs qui ***se sont abattus*** *sur le château.*

Mais :

Candide et Cunégonde ***se sont raconté*** *leurs aventures.*

(*raconter* ***à*** *quelqu'un* : le pronom **se** est indirect, il n'y a pas d'accord du participe passé)

Attention à la position du pronom réfléchi lorsque le verbe pronominal suit un verbe conjugué :

Il veut ***se jeter*** *à la mer.*

3 Conjuguez les verbes pronominaux entre parenthèses au temps requis (présent ou passé composé de l'indicatif).

1 Ils (*se réveiller - présent*) .... tard aujourd'hui.
2 Vous (*s'informer - présent*) .... en lisant les nouvelles.
3 Nous (*se rendre - présent*) .... au commissariat.
4 Je (*se coucher - passé composé*) .... tôt toute la semaine.
5 Elle (*se laver - passé composé*) .... les dents régulièrement.
6 Tu (*se tromper - passé composé*) .... de direction.

Avant de lire

1 **Associez chaque mot à l'image correspondante.**

a	une pommade	d	un couteau	g	transpercer
b	un canapé	e	une épée	h	fouetter
c	un voile	f	un baiser	i	seller

CHAPITRE 3

Candide revoit Cunégonde

Candide suit la vieille dans une masure[1]. Elle lui donne à manger et à boire ainsi que de la pommade pour guérir ses blessures.

— Que Notre Dame d'Atocha, Saint Antoine de Padoue et Saint Jacques de Compostelle prennent soin de vous : je reviendrai demain, dit-elle.

Le lendemain, elle lui apporte encore à manger et le frotte[2] de pommade. Le surlendemain, elle dit :

— Venez avec moi et ne dites mot.

Ils marchent dans la campagne et rejoignent une maison isolée. Elle frappe, on ouvre ; elle mène Candide, par un escalier secret, dans un cabinet[3] doré, lui demande de s'asseoir sur un canapé

1. **une masure** : une vieille maison.
2. **frotter** : frictionner.
3. **un cabinet** : une petite pièce.

de brocart[4], referme la porte et s'en va. Elle revient bientôt, soutenant avec peine une femme tremblante, brillante de pierres précieuses et couverte d'un voile.

— Ôtez[5]-le, dit la vieille à Candide.

Timidement il soulève le voile. Quel moment ! Quelle surprise ! Il croit voir Cunégonde ; il la regarde encore... En effet, c'est elle ! Les mots lui manquent, il tombe à ses pieds et Cunégonde s'évanouit sur le canapé. La vieille les inonde d'eau spiritueuse[6] pour qu'ils reprennent leurs sens. Que de soupirs, de larmes et de cris. La vieille les laisse seuls.

— Quoi ! C'est vous, lui dit Candide, vous êtes vivante ! On ne vous a donc pas violée ? On ne vous a point fendu le ventre, comme Pangloss me l'avait assuré ?

— C'est tout à fait vrai ! dit la belle Cunégonde ; mais on ne meurt pas toujours de ces deux accidents. Racontez-moi tout ce qui vous est arrivé depuis notre baiser innocent et le coup de pied que vous avez reçu.

Candide lui narre de la manière la plus naïve ce qui s'est passé ; il lui raconte le destin tragique de Pangloss. Ensuite, c'est au tour de Cunégonde de livrer son récit à Candide qui boit ses paroles et la dévore des yeux.

— Je dormais profondément dans mon lit quand les Bulgares sont arrivés dans notre beau château. Ils ont massacré toute ma famille. J'ai perdu connaissance quand un grand Bulgare haut de six pieds[7] s'est mis à me violer. Il m'a donné un coup de couteau dont je porte encore la marque. C'est alors qu'un capitaine bulgare

---

4. **le brocart** : une étoffe de soie précieuse.
5. **ôter** : enlever.
6. **eau spiritueuse** : eau-de-vie, alcool fort.
7. **six pieds** : environ 1m90.

est entré, m'a vue toute sanglante et a tué le brutal. Il m'a fait soigner et m'a faite prisonnière. Comme il me trouvait très jolie, il m'a gardée quelques mois avec lui. Il n'avait pas beaucoup d'esprit mais il était très bien fait et sa peau était blanche et douce. Ensuite, il m'a vendue à don Issacar, un juif qui trafique en Hollande et au Portugal. Comme je lui résistais, il m'a amenée dans cette maison de campagne pour m'apprivoiser.

Un jour, le grand inquisiteur m'a aperçue à la messe. Quand je lui ai appris ma naissance, il m'a fait remarquer combien il était au-dessous de mon rang d'appartenir à don Issacar. Il lui a demandé de me céder, mais il a refusé. Finalement, comme l'inquisiteur le menaçait d'un auto-da-fé, ils ont fini par conclure un marché : la maison et moi appartenaient à don Issacar le lundi, le mercredi et le jour du sabbat[8] tandis que l'inquisiteur avait les autres jours de la semaine. Cela n'a pas été sans querelle car on ne savait pas à qui revenait la nuit du samedi au dimanche...

C'est alors que, pour empêcher un nouveau tremblement de terre et intimider don Issacar, l'inquisiteur a voulu célébrer un auto-da-fé. J'ai eu l'honneur d'être invitée et d'être fort bien placée pour assister aux exécutions. Mais quelle surprise, quel effroi[9] de voir une figure qui ressemblait à Pangloss ! Comble de l'horreur, après l'avoir vu pendre, je vous ai vu dénudé, pour être fouetté ; je vous dirai sincèrement que votre peau est plus blanche et d'un incarnat[10] plus parfait que celle de mon capitaine des Bulgares. Comment est-ce possible, me suis-je dit, que l'aimable Candide et le sage Pangloss se trouvent à Lisbonne, l'un pour recevoir des coups de fouet et l'autre pour être pendu, par ordre de l'inquisiteur

8. **sabbat** : samedi, jour de repos pour les Juifs.
9. **un effroi** : une grande peur.
10. **un incarnat** : couleur de la peau.

dont je suis la bien-aimée ? Pangloss m'a bien trompée quand il me disait que tout va le mieux du monde.

Éperdue et envahie de sentiments contradictoires, j'ai fini par remercier Dieu qui vous ramenait à moi. J'ai demandé à la vieille de vous amener ici. J'ai goûté le plaisir inexprimable de vous revoir, de vous entendre et de vous parler. Vous devez avoir une faim dévorante ; commençons par souper.

Les voilà qui se mettent à table lorsque don Issacar apparaît. C'est le jour du sabbat. Il vient jouir de ses droits et expliquer son tendre amour.

— Quoi, dit-il, ce n'est pas assez de l'inquisiteur ? Il faut que ce coquin partage aussi avec moi ?

Il tire un poignard et se précipite sur Candide. Ce dernier saisit son épée et, quoiqu'il ait les mœurs fort douces, il étend don Issacar raide mort [11] aux pieds de Cunégonde.

Il est une heure du matin, le commencement du dimanche, quand une autre porte s'ouvre : c'est l'inquisiteur. Candide ne réfléchit pas longtemps, il le transperce de part en part car il n'a pas le choix. « C'était lui ou moi », pense-t-il.

— Vous, qui êtes si doux, vous avez tué en deux minutes un juif et un prélat [12], s'exclame Cunégonde.

— Ma belle demoiselle, répond Candide, quand on est amoureux, jaloux et fouetté par l'inquisition, on ne se connaît plus.

Sur ce, ils sellent trois chevaux et, sur les conseils de la vieille qui les accompagne, ils s'enfuient à Cadix.

---

11. **raide mort** : mort soudaine.
12. **un prélat** : dignitaire ecclésiastique.

Après la lecture

Compréhension écrite et orale

piste 04

1 Écoutez et lisez le chapitre, puis cochez les affirmations exactes.

1 ☐ Candide est soigné par une dame âgée dans une vieille maison.
2 ☐ Le troisième jour, ils se rendent à Saint Jacques de Compostelle.
3 ☐ Lorsque Cunégonde apparaît, elle est couverte d'un voile.
4 ☐ Candide perd connaissance lorsqu'il reconnaît Cunégonde.
5 ☐ Les deux amoureux se racontent leurs aventures jusqu'à l'instant de leur rencontre.
6 ☐ Après l'arrivée des Bulgares au château de Thunder-ten-Tronckh, Cunégonde est recueillie par un intellectuel bulgare.
7 ☐ Don Issacar a accepté de céder Cunégonde au grand inquisiteur.
8 ☐ Cunégonde a assisté aux différentes célébrations de l'auto-da-fé.
9 ☐ Elle a reconnu Pangloss mais elle n'a pas reconnu Candide parmi les prisonniers.
10 ☐ Don Issacar arrive après le souper.
11 ☐ Candide tue don Issacar et le grand inquisiteur.
12 ☐ Candide, Cunégonde et la vieille quittent précipitamment le Portugal.

2 Complétez les phrases avec les mots ci-dessous.

prisonnière plaisir surprise récit
conseil hésitation soin jalousie

1 La vieille prend .... de Candide, elle le nourrit et le guérit.
2 Lorsqu'il revoit Cunégonde, Candide s'évanouit de ....
3 Cunégonde fait le .... détaillé de toutes ses aventures.
4 D'abord .... d'un capitaine bulgare, Cunégonde devient la maîtresse de don Issacar.

5 Cependant le grand inquisiteur est d'une .... dévorante.

6 Cunégonde dit à Candide qu'elle a goûté un .... inexprimable de le revoir.

7 Candide tue sans .... don Issacar et le grand inquisiteur.

8 La vieille est de bon .... , elle pense qu'il faut s'enfuir.

piste 04

3 Écoutez à nouveau le chapitre, puis dites quel personnage prononce les phrases ci-dessous.

Cunégonde Don Issacar Candide La vieille

1 « Que Notre Dame d'Atocha, Saint Antoine de Padoue et Saint Jacques de Compostelle prennent soin de vous : je reviendrai demain ». ....

2 « Venez avec moi et ne dites mot ». ....

3 « Quoi ! C'est vous, vous êtes vivante ! ». ....

4 « Je dormais profondément dans mon lit quand les Bulgares sont arrivés dans notre beau château ». ....

5 « Je vous dirai sincèrement que votre peau est plus blanche et d'un incarnat plus parfait que celle de mon capitaine des Bulgares ». ....

6 « J'ai goûté le plaisir inexprimable de vous revoir, de vous entendre et de vous parler ». ....

7 « Vous, qui êtes si doux, vous avez tué en deux minutes un juif et un prélat ». ....

8 « Quoi, ce n'est pas assez de l'inquisiteur ? Il faut que ce coquin partage aussi avec moi ? ». ....

9 « Ma belle demoiselle, quand on est amoureux, jaloux et fouetté par l'inquisition, on ne se connaît plus ». ....

Enrichissez votre vocabulaire

4 Remplissez la grille de mots croisés à l'aide des définitions ci-dessous.

1 Prise de tremblements.
2 Rendre quelqu'un plus sociable, plus doux et moins farouche.
3 Qui est recouvert d'or.
4 Ingénue, innocente.
5 On le prend pour monter à l'étage.
6 Violent, brusque.
7 Forte respiration exprimant le soulagement ou le regret.
8 Couverte de sang.

1: T _ _ _ _ _ A _ _ E
2: A _ _ R _ _ _ _ _ E _
3: D _ R _
4: N _ _ V E
5: E _ _ _ _ _ _ R _
6: _ _ U _ _ L
7: S _ U _ _ R _
8: S _ _ G _ _ _ _ E

Production orale

5 DELF **Le chapitre 3 fait plusieurs références au domaine religieux. La vieille invoque Saint Antoine de Padoue et Cunégonde rencontre le grand inquisiteur en se rendant à la messe. Dans votre pays, la religion est-elle importante ? La majorité des gens sont-ils pratiquants ? Quelles sont les principales cérémonies religieuses que vous connaissez ?**

Une gravure de Voltaire à la table avec d'autres philosophes.

Le dictionnaire des idées de Voltaire

Liberté

La vie de Voltaire est un combat permanent pour la liberté sous toutes ses formes : liberté de penser, de s'exprimer ou de croire en la religion de son choix. Il est contre toute forme d'esclavage et prétend que les hommes ont droit à un système politique juste et à une justice équitable. Il trouve son idéal en Angleterre, où il est exilé après avoir été bastonné et emprisonné pour avoir dit ce qu'il pensait. Dans les *Lettres Anglaises* (ou *Lettres Philosophiques*) Voltaire vante la tolérance de ce pays dans tous les domaines.

Métaphysique

Voltaire se consacre à l'étude de la métaphysique pendant toute son existence. Il en conclut qu'elle porte les hommes à se diviser et à tomber dans le fanatisme. Il considère qu'il est plus sage de rechercher le bonheur terrestre plutôt que d'essayer de résoudre des problèmes métaphysiques qui dépassent la compréhension de l'homme.

Pessimisme

Le pessimisme de Voltaire s'oppose à l'optimisme du philosophe allemand Leibniz (1646-1716) selon lequel, Dieu étant parfait, il a créé « le meilleur monde possible ». Dans *Candide,* dont le sous-titre est *L'Optimisme,* Voltaire caricature Leibniz sous les traits de Pangloss, qui enseigne que « tout est pour le mieux dans le meilleur des mondes possibles ». Quoiqu'il en soit Candide est optimiste au début de l'histoire, mais après avoir été témoin de guerres atroces, de massacres, d'un naufrage, d'une condamnation à mort et d'autres péripéties, il devient progressivement pessimiste.

Portrait de Leibniz.

Ce qui constitue pour Voltaire une question fondamentale, c'est comment concilier l'existence du mal avec la bonté divine. Selon lui, la Providence[1] n'existe pas : les hommes doivent eux-mêmes améliorer leur condition (« il faut cultiver notre jardin ») car la Providence est plutôt indifférente à leur destin.
En 1755, le tremblement de terre de Lisbonne fait des milliers de victimes. L'épisode figure dans *Candide* et Voltaire ridiculise encore les théories de Leibniz : il montre Pangloss qui rassure les survivants de la catastrophe en leur disant « Tout ceci est ce qu'il y a de mieux. Car s'il y a un volcan à Lisbonne, il ne pouvait être ailleurs. Les choses sont là où elles doivent être, car tout est bien ».

Querelles

Voltaire et Rousseau (1712-1778) sont des philosophes incontournables du 18ème siècle. Leurs idées sont cependant diamétralement opposées et ils n'ont jamais cessé de se disputer.
Jean-Jacques Rousseau est convaincu que l'homme est né bon et que c'est la vie en société qui l'a corrompu.

1. **Providence** : Dieu qui gouverne la création.

Portrait de Rousseau.

Dans son *Discours sur l'origine de l'inégalité,* il insiste sur le rôle qu'a joué la propriété privée dans les inégalités de notre civilisation. Il dénonce le luxe et pense que le théâtre a une influence négative sur les hommes.
Voltaire, lui, ne croit pas à la bonté de l'homme primitif. Il pense que l'homme est fait pour vivre en société et que la civilisation est source de progrès matériel qui rend la vie plus agréable. Étant auteur de nombreuses pièces, Voltaire pense que le théâtre est un divertissement utile aux hommes.

Religions

Bien qu'ayant la foi, Voltaire ne cesse de critiquer les religions. Il juge que la Bible n'a aucun fondement sérieux du point de vue historique et que les cérémonies religieuses sont ridicules.
Malgré sa critique adressée à toutes les religions (catholique, musulmane, juive, etc.), Voltaire reconnaît que, nonobstant leurs divergences, elles ont un point commun fondamental puisqu'elles reconnaissent l'existence de l'Être suprême. Tout le reste n'est que superstitions et fanatisme, à l'origine des persécutions et des guerres qui sont les plus grands ennemis de la civilisation.
Dans *Candide,* Voltaire critique les cérémonies religieuses dans l'épisode relatant l'auto-da-fé qui suit le tremblement de terre.

Compréhension écrite

1 Lisez le dossier, puis reliez les phrases qui résument certaines des prises de position de Voltaire.

Selon Voltaire...

1 ☐ L'étude de la métaphysique n'apporte pas
2 ☐ Un aspect intéressant des religions, c'est
3 ☐ Tous les hommes ont le droit d'avoir
4 ☐ La religion amène souvent
5 ☐ Comment est-il possible de concilier

a des institutions politiques et un système judiciaire justes et équitables.
b le mal omniprésent sur terre avec l'existence d'un Dieu plein de bonté ?
c le bonheur car c'est un sujet qui divise les hommes et les rend fanatiques.
d qu'elles ont un point en commun qui les rassemble : toutes reconnaissent l'existence de l'Être suprême.
e des guerres, des divisions et des persécutions qui font souffrir l'humanité.

2 Voltaire, Leibniz ou Rousseau ? Choisissez à qui s'appliquent ces phrases.

Voltaire	Leibniz	Rousseau	
			pense que l'homme a été corrompu par la société qui l'environne.
			est pessimiste.
			est caricaturé sous les traits du personnage de Pangloss.
			ne pense pas que l'homme soit né bon.
			ne croit pas à la Providence.
			a publié le *Discours sur l'inégalité*.
			est optimiste.
			pense que le théâtre est une bonne chose.

Avant de lire

1 **Regardez la carte pour retrouver le parcours de la vieille, puis complétez avec les villes ci-dessous.**

Alexandrie Alger Lisbonne Moscou Constantinople Carrara

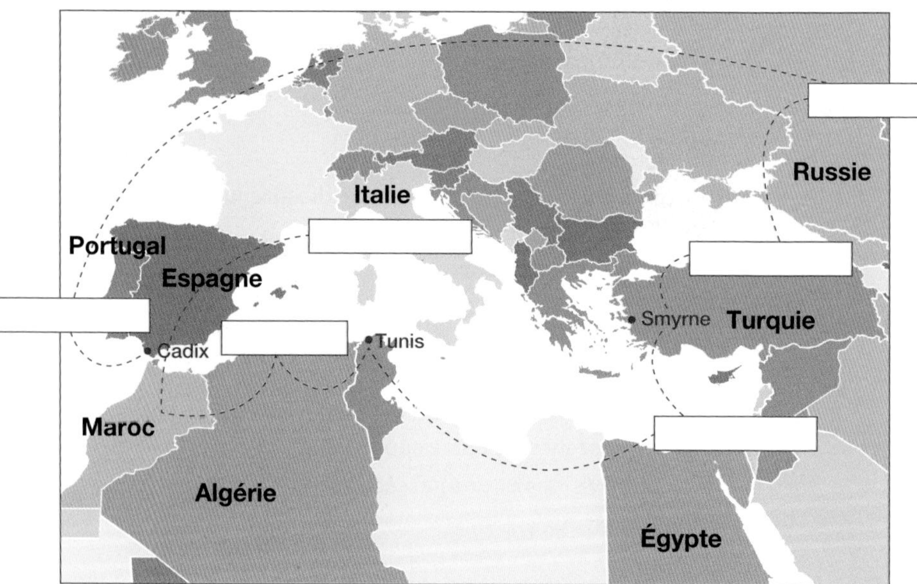

2 **Remettez les lettres dans l'ordre exact pour trouver les mots correspondant aux définitions.**

1 Dans le monde musulman, la partie de la maison où vivent les femmes et les enfants : le .... (m – h – e – r – a).

2 Chanteur ayant subi la castration avant la puberté afin de conserver une voix d'enfant : un .... (a – t – s – a – c – t – r).

3 L'ensemble des troupes qui combattent à pied : l' .... (i – e – i – f – a – n – t – n – r –e).

4 Une personne au service des autres : une .... (t – n – e – r – s – v – a – e).

CHAPITRE 4

Histoire de la vieille

Candide, Cunégonde et la vieille arrivent à Cadix alors que la ville se prépare à envoyer une flotte au Paraguay. Il s'agit de mater[1] les pères jésuites qui se sont révoltés contre les rois d'Espagne et du Portugal. Candide décide de se présenter au recrutement[2]. Ayant servi chez les Bulgares, il fait l'exercice militaire devant le général de la petite armée avec tant de grâce et d'agilité qu'on lui donne une compagnie d'infanterie à commander. Il s'embarque avec Mlle Cunégonde, la vieille, son domestique Cacambo et deux chevaux andalous[3]. Pendant la traversée, ils raisonnent beaucoup sur la philosophie du pauvre Pangloss.

1. **mater** : soumettre.
2. **le recrutement** : l'action d'enrôler.
3. **Andalou(se)** : d'Andalousie, région d'Espagne.

— Heureusement, nous allons dans un autre univers, dit Candide, car on pourrait se plaindre[4] un peu de ce qui se passe dans le nôtre.

— Je vous aime de tout mon cœur, répond Cunégonde, mais j'ai encore l'âme épouvantée de ce que j'ai vu.

— Tout ira bien, réplique Candide, c'est certainement le nouveau monde qui est le meilleur des univers possibles.

— Que Dieu vous entende ! J'ai été si horriblement malheureuse dans le mien que mon cœur est presque fermé à l'espérance, soupire Cunégonde.

— Vous vous plaignez, leur dit la vieille, vous n'avez pas éprouvé des infortunes telles que les miennes.

— Hélas, réplique Cunégonde, à moins que vous n'ayez été violée par deux Bulgares, que vous n'ayez reçu un coup de couteau dans le ventre, qu'on n'ait démoli votre château, qu'on n'ait égorgé[5] sous vos yeux mère et père et que vous n'ayez vu votre amant fouetté dans un auto-da-fé, je ne pense pas que vous puissiez l'emporter sur moi !

— Mademoiselle, répond la vieille, si vous saviez ma naissance vous ne parleriez pas comme vous le faites...

Cunégonde et Candide, soudain curieux, la prient de raconter son histoire.

— Je n'ai pas toujours été laide et je n'ai pas toujours été servante. Je suis la fille du pape Urbain X et de la princesse de Palestrine. J'ai été élevée dans un somptueux palais où j'ai grandi en beauté et en talents, au milieu des plaisirs et des espérances. À quatorze ans, j'ai été fiancée à un prince de Massa-Carrara.

---

4. **se plaindre** : exprimer son mécontentement et sa protestation.
5. **égorger** : couper la gorge.

Quel prince ! Aussi beau que moi, brillant d'esprit et brûlant d'amour. Je l'aimais passionnément. Les noces s'annonçaient magnifiques. Je touchais à mon bonheur quand une ancienne maîtresse de mon prince l'a invité à prendre du chocolat chez elle. Il est mort deux heures après dans des convulsions épouvantables. Dévastée par la douleur, je me suis embarquée avec ma mère pour rejoindre la terre qu'elle possédait à Gaète. Malheureusement, un corsaire de Salé[6] a abordé notre bateau et nous avons été faits prisonniers.

Vous comprendrez facilement tout ce que nous avons eu à souffrir dans le vaisseau corsaire. J'étais ravissante, ma mère était encore très belle, et nos simples femmes de chambre avaient plus de charme qu'on peut en trouver dans toute l'Afrique.

Le Maroc nageait dans le sang à notre arrivée. C'était un carnage continuel de guerres civiles dans tout l'Empire. À peine débarqués, une faction ennemie a tenté de nous enlever. Il est vrai que nous étions, après les diamants et l'or, ce qu'il y avait de plus précieux. Un combat acharné s'est ensuivi pour savoir qui nous aurait. Les femmes se sont retrouvées tirées brusquement d'un côté et de l'autre. Pirates, soldats, Maures[7], c'était à qui tirait le plus fort. Bientôt, toutes les femmes ont été massacrées par les monstres qui se les disputaient. Ensuite, le combat a duré jusqu'à ce qu'il n'y ait plus de combattants et je suis restée mourante sur un amas de morts.

J'étais à demi évanouie lorsque j'ai entendu une voix qui parlait la langue de ma patrie. J'ai ouvert les yeux, étonnée mais ravie de trouver un compatriote. En quelques mots, je lui ai raconté les

---

6. **Salé** : ville marocaine servant de base aux corsaires.
7. **Maure** : de la Mauritanie de l'époque ; de nos jours Maghrébin.

horreurs que j'avais subies. Pris de pitié, il m'a amenée dans une maison voisine, m'a donné à manger et m'a consolée. Il m'a dit qui il était. C'était un castrat italien, originaire de Naples, qui avait été envoyé chez le roi du Maroc par une puissance chrétienne, pour conclure un traité avec ce monarque. L'objet de cet accord était de fournir de la poudre, des canons et des vaisseaux à ce roi, pour l'aider à exterminer le commerce des autres chrétiens. « Ma mission est faite, je vais m'embarquer à Ceuta et je vous ramènerai en Italie », m'a-t-il promis. Cependant, au lieu de cela, il m'a vendue au dey[8] d'Alger. C'était au moment précis où la peste faisait des ravages épouvantables. Mon eunuque, le dey et presque toutes les femmes du harem ont péri. Survivante de cette terrible maladie, j'ai été vendue puis revendue comme esclave, passant de mains en mains et d'un lieu à l'autre : Tunis, Alexandrie, Smyrne, Constantinople.

Finalement, après une guerre entre les Turcs et les Russes, j'ai échoué à Moscou, d'où je me suis bientôt enfuie. J'ai traversé toute la Russie et j'ai travaillé longtemps comme servante de cabaret dans différentes villes. J'ai vieilli dans la misère et dans l'opprobre[9]. J'ai fini par être servante chez don Issacar où je me suis attachée à votre destinée.

Je ne vous aurais jamais parlé de mes malheurs s'il n'était d'usage dans un vaisseau de raconter des histoires pour se divertir. Croyez-en mon expérience, si vous priez chaque passager de raconter sa vie, vous verrez qu'il n'y en aura pas un qui ne se considère le plus malheureux de la terre. Si vous en trouvez un seul, jetez-moi dans la mer la tête la première.

---

8. **un dey** : titre de souverain sous l'Empire Ottoman.
9. **l'opprobre** : la honte.

Après la lecture

Compréhension écrite et orale

piste 05

1 Écoutez et lisez le chapitre, puis associez chaque fin de phrase au début correspondant.

1 ☐ J'ai été élevée dans un somptueux palais où
2 ☐ Je touchais à mon bonheur quand
3 ☐ Un corsaire de Salé a abordé notre bateau et
4 ☐ Il est vrai que nous étions, après les diamants et l'or,
5 ☐ J'étais à demi évanouie lorsque
6 ☐ C'était au moment précis où
7 ☐ J'ai échoué à Moscou, d'où
8 ☐ J'ai fini par être servante chez don Issacar où

a ce qu'il y avait de plus précieux.
b j'ai entendu une voix qui parlait la langue de ma patrie.
c la peste faisait des ravages épouvantables.
d je me suis attachée à votre destinée.
e je me suis bientôt enfuie.
f nous avons été faits prisonniers.
g j'ai grandi en beauté et en talents.
h une ancienne maîtresse de mon prince l'a invité à prendre du chocolat chez elle.

Enrichissez votre vocabulaire

2 Complétez les mots ci-dessous en vous aidant des définitions.

1 Événement malheureux : I _ F _ _ T _ _ E.
2 Personne qui vient du même pays : C _ _ P A _ _ I _ T _.
3 Riche et fastueux : _ O _ _ T _ _ _ X.
4 Qui plaît par son charme : R _ _ _ S S _ _ T _.

3 Associez chaque mot à l'image correspondante.

a une flotte
b de la poudre
c un vaisseau
d un corsaire
e un combat
f les noces

Production écrite

4 DELF Racontez votre dernier voyage : où vous êtes allé(e), avec qui vous êtes parti(e) et ce que vous avez fait. Indiquez quand c'était et les événements les plus marquants.

Avant de lire

1 Retrouvez dans la grille les mots correspondant aux définitions.

1 Pays commençant par un « P » situé en Amérique du Sud, entre le Brésil, la Bolivie et l'Argentine : ....
2 Un ensemble de péripéties : ....
3 Participe passé du verbe « pendre » : ....
4 Le contraire de l' « infériorité » : ....
5 Un individu qui n'a plus d'espoir : ....
6 Membre de la « Compagnie de Jésus » : ....
7 Une œuvre capitale : ....
8 Ce pays a une frontière commune avec l'Espagne ; sa capitale est Lisbonne : ....
9 Un individu qui exerce un commandement dans l'armée : ....
10 Un phénomène étonnant que certains attribuent à une intervention divine : ....
11 L'ensemble de la vie professionnelle d'une personne : ....
12 L'adjectif masculin qui correspond au mot « insolence » : ....

C	H	E	F	D	O	E	U	V	R	E	K	A
O	M	D	I	C	D	Y	H	I	B	V	P	U
M	O	G	N	P	A	T	R	O	S	C	W	E
M	K	J	S	P	O	R	T	U	G	A	L	C
A	U	S	O	S	O	M	I	N	Q	R	D	X
N	R	U	L	C	V	C	M	T	Y	R	N	V
D	C	P	E	Z	E	E	W	D	J	I	O	E
A	V	E	N	T	U	R	E	S	H	E	M	R
N	U	R	T	Q	I	K	P	I	L	R	I	T
T	A	I	J	D	E	S	E	S	P	E	R	E
S	W	O	P	A	R	A	G	U	A	Y	A	L
C	Q	R	P	E	N	D	U	A	S	V	C	N
A	B	I	G	J	E	S	U	I	T	E	L	S
V	N	T	D	A	N	D	T	L	R	F	E	Q
X	Y	E	O	L	D	S	Q	C	U	W	Z	A

CHAPITRE 5

Voyage au Paraguay

Après le récit de la vieille, Cunégonde et Candide suivent son conseil : ils écoutent les aventures de chaque passager. Puis, ils conviennent que la vieille avait raison.

— Dommage, dit Candide, que Pangloss ait été pendu. S'il était ici, il nous dirait des choses admirables sur le mal qui couvre la terre et je me sentirais assez fort pour lui faire respectueusement quelques objections.

Finalement, ils arrivent à Buenos Aires. Cunégonde, Candide et la vieille vont chez le gouverneur don Fernando d'Ibaraa, y Figueora, y Mascarenes, y Lampourdos, y Souza. Ce seigneur affiche la fierté qu'un tel nom inspire. Mais lorsqu'il aperçoit Cunégonde, il oublie ses airs de supériorité : il n'a jamais rien vu de plus beau qu'elle. Bientôt, il demande à Candide s'il est marié avec Cunégonde. Bien qu'alarmé par cette question, le cœur de Candide est trop pur pour

mentir. Don Fernando sourit et lui ordonne d'aller passer en revue ses troupes. Ensuite, il va déclarer sa passion à Cunégonde et son intention de l'épouser. La jeune fille demande un moment pour réfléchir et va consulter la vieille.

— Mademoiselle, vous n'avez pas d'argent ; il ne tient qu'à vous de devenir la femme du plus grand seigneur de l'Amérique méridionale... et de faire la fortune de M. Candide. Si don Fernando vous aime, épousez-le !

Pendant ce temps, la rumeur se répand dans la ville qu'un vaisseau est en train d'arriver avec un alcade[1] et des alguazils[2] à son bord. En effet, la fuite de Cunégonde et de Candide a fait du bruit. Accusés d'avoir assassiné monseigneur le grand inquisiteur, ils sont poursuivis depuis l'Espagne. Il n'y a pas de temps à perdre. La vieille dit à Cunégonde :

— Ne fuyez pas. Vous ne craignez rien : ce n'est pas vous qui avez tué monseigneur ; et d'ailleurs, le gouverneur vous aime et ne souffrira pas qu'on vous maltraite.

Puis elle court pour avertir Candide :

— Si vous ne fuyez pas, dans une heure vous serez brûlé !

Candide est désespéré, mais son fidèle valet Cacambo fait seller deux chevaux et le persuade de partir tout de suite.

— Que faire sans Cunégonde ? dit Candide.

— Les femmes ne manquent jamais de rien. Dieu s'occupe d'elles ! répond Cacambo. Vous vouliez faire la guerre aux jésuites ; faisons l'inverse : rejoignons les jésuites au Paraguay ; vous ferez une fortune prodigieuse ; quand on ne trouve pas le bonheur dans un monde, on le trouve dans un autre.

— Tu connais le Paraguay ?

---

1. **un alcade** : autrefois, un magistrat des pays espagnols (mot espagnol).
2. **un alguazil** : autrefois en Espagne, un policier (mot espagnol).

— Eh oui ! J'ai été cuisinier au collège de l'Assomption. Je connais bien le gouvernement de Los Padres, c'est un chef-d'œuvre de raison et de justice. Les pères jésuites possèdent tout et le peuple rien. Ici, ils font la guerre au roi d'Espagne et au roi du Portugal et, en Europe, ils confessent ces mêmes rois ! Cela me ravit !

Quand ils arrivent au Paraguay, Candide et Cacambo sont entourés par des soldats et désarmés[3]. Ils demandent à parler à monseigneur le commandant. Un sergent leur répond que le révérend père provincial ne permet à aucun Espagnol de parler en son absence. Cacambo fait valoir que Candide est allemand. Aussitôt, on les conduit dans un frais cabinet de verdure[4] et on prépare un excellent déjeuner tandis que les Paraguayens mangent du maïs dans des écuelles[5] de bois sous l'ardeur du soleil.

Le révérend père commandant entre alors. C'est un beau jeune homme à l'air fier. Avant de se mettre à table, on rend à Candide et à Cacambo leurs armes.

— Vous êtes donc allemand ? demande le commandant dans cette langue.

— Oui, mon révérend père, dit Candide.

— D'où êtes-vous ?

— De Westphalie, je suis né dans le château de Thunder-ten-Tronckh, répond Candide qui commence à regarder curieusement son hôte.

— Ô ciel, est-il possible ? s'écrie alors le jésuite.

— Quel miracle ! Quoi ? Vous, le frère de la belle Cunégonde ! Je vous croyais tué par les Bulgares !

Le commandant serre Candide dans ses bras. Il remercie Dieu et saint Ignace mille fois lorsqu'il apprend que Cunégonde est

3. **désarmer** : enlever les armes.
4. **un cabinet de verdure** : petit lieu couvert dans un jardin.
5. **une écuelle** : une assiette rustique.

vivante. Ils pleurent de bonheur à leurs retrouvailles[6]. Le baron raconte ensuite comment il a été sauvé par un père jésuite après l'incursion bulgare à Thunder-ten-Tronckh. Devenu novice, il est parti au Paraguay pour y faire une carrière religieuse et militaire.

— C'est la Providence qui vous envoie ! Nous battrons les troupes du roi d'Espagne... Nous entrerons en vainqueurs[7] à Buenos Aires pour reprendre ma sœur Cunégonde.

— C'est tout ce que je souhaite, répond Candide, car je compte bien l'épouser...

— Quoi, insolent ! Vous auriez l'impudence d'épouser une baronne ! Je vous trouve bien arrogant !

— Mon révérend, Maître Pangloss m'a toujours dit que les hommes sont égaux et assurément je l'épouserai.

— C'est ce que nous verrons, canaille, dit le jésuite en frappant Candide au visage avec le plat de son épée.

Dans l'instant, Candide tire la sienne et l'enfonce dans le ventre du commandant jésuite. Puis, il se met à pleurer :

— Mon Dieu, je suis le meilleur homme du monde et voilà déjà trois hommes que je tue.

Cacambo, lui, ne perd pas la tête. Il met à Candide la robe du commandant et le fait monter à cheval.

— Galopons mon maître, tout le monde vous prendra pour un jésuite qui va donner des ordres. Essayons de passer la frontière.

Leurs chevaux partent au galop tandis que Cacambo crie en espagnol :

— Laissez passer le révérend père colonel !

---

6. **des retrouvailles** : le fait de retrouver des personnes.
7. **un vainqueur** : personne qui remporte une victoire.

Après la lecture

Compréhension écrite et orale

1 Écoutez et lisez le chapitre, puis soulignez l'option correcte.

1 Don Fernando est une personne *modeste / fière*.
2 Candide décide d'avouer *qu'il est marié / qu'il n'est pas marié* avec Cunégonde.
3 Cunégonde décide d'épouser don Fernando *tout de suite / après un moment de réflexion*.
4 Des alguazils sont arrivés *d'Espagne / de Buenos Aires* pour arrêter Candide et Cunégonde.
5 *Cunégonde / La vieille* conseille à Candide de s'enfuir.
6 Cacambo conseille à Candide de *faire la guerre aux / rejoindre les* jésuites.
7 Cacambo *a déjà vécu / n'est jamais allé* au Paraguay.
8 Avant de rencontrer le révérend, Candide et Cacambo *font un bon repas / mangent du maïs*.
9 Le frère de Cunégonde raconte dans quelles circonstances il est parti au Paraguay comme *enseignant / novice*.
10 Candide doit s'enfuir à nouveau car *il a commis un autre meurtre / il veut récupérer Cunégonde*.

2 Qui a prononcé ces phrases ? À qui parlait-il ? Complétez avec les personnes ci-dessous.

Le baron Cunégonde La vieille Cacambo Candide

1 « Les hommes sont égaux et assurément je l'épouserai ». .... à ....
2 « Ne fuyez pas. Vous ne craignez rien ». .... à ....
3 « Quand on ne trouve pas le bonheur dans un monde, on le trouve dans un autre ». .... à ....
4 « Ô ciel, est-il possible ? ». .... à ....

5 « Dommage que Pangloss ait été pendu. S'il était ici, il nous dirait des choses admirables sur le mal qui couvre la terre ». .... à ....

6 « Vous auriez l'impudence d'épouser une baronne ! ». .... à ....

7 « Galopons mon maître, tout le monde vous prendra pour un jésuite ». .... à ....

8 « Il ne tient qu'à vous de devenir la femme du plus grand seigneur de l'Amérique méridionale ». .... à ....

9 « C'est ce que nous verrons, canaille ». .... à ....

10 « Tu connais le Paraguay ? ». .... à ....

11 « Je vous croyais tué par les Bulgares ! ». .... à ....

12 « Fuyez sinon dans une heure vous serez brulé ! ». .... à ....

Enrichissez votre vocabulaire

3 Associez chaque mot à son contraire.

1	☐	vivante	a	septentrionale
2	☐	raison	b	gagner
3	☐	épouser	c	détester
4	☐	mentir	d	morte
5	☐	aimer	e	laide
6	☐	perdre	f	tort
7	☐	méridionale	g	divorcer
8	☐	belle	h	tout
9	☐	arriver	i	dire la vérité
10	☐	rien	j	partir

Production écrite

4 DELF Imaginez le dialogue qui a eu lieu entre Candide et Cunégonde au moment de leur séparation, alors que Cunégonde se prépare à épouser don Fernando et que Candide doit s'enfuir pour échapper à la justice espagnole.

Grammaire

L'expression de l'hypothèse

Quand l'hypothèse est réalisable :

- Si + présent et futur simple

***Si vous ne fuyez pas**, dans une heure **vous serez** brûlé.*

- Si + présent et impératif

***Si** don Fernando **vous aime, épousez-le** !*

Quand l'hypothèse n'est pas réalisable ou bien n'est pas d'une réalisation certaine :

- Si + imparfait et conditionnel présent

***Si** Pangloss **était** ici, **il nous dirait** des choses admirables.*

Rappel :

- **formation du futur régulier**: infinitif * + terminaisons (-ai, -as, -a, -ons, -ez, -ont) ;
- **formation du conditionnel présent régulier** : infinitif * + terminaisons (-ais, -ais, -ait, -ions, -iez, -aient).

*Je l'épouser**ai**. Je me sentir**ais**.*

* Pour les verbes en **-re** le **-e** est éliminé.

5 **Complétez avec les modes et les temps verbaux qui conviennent.**

1 Si nous lisons bien ce livre, nous (*exécuter*) .... les activités facilement.

2 Si Emma et Armand pouvaient venir, on (*visiter*) .... les îles anglo-normandes.

3 Si vous (*réussir*) .... vos examens, vous passerez de meilleures vacances.

4 Si tu (*recevoir*) .... la confirmation à temps, n'oublie pas de réserver l'hôtel !

5 Eva (*organiser*) .... une petite soirée samedi soir, si ses parents s'en allaient pour le week-end.

Avant de lire

1 Associez chaque mot à l'image correspondante.

a	un précipice	d	un sauvage	g	un perroquet
b	des écueils	e	des provisions	h	un singe
c	un brigand	f	un mouton	i	un oiseau-mouche

CHAPITRE 6

Dans le pays d'Eldorado

Candide et son valet décident de rejoindre la Cayenne, une île de la Guyane. Cependant les montagnes, les précipices, les fleuves, sans compter les brigands et les sauvages représentent de terribles obstacles. Leurs chevaux meurent de fatigue et ils finissent par manquer de provisions. Apercevant un canot vide près d'une rivière, Candide et Cacambo décident de s'y installer, de suivre le courant et de s'en remettre à la Providence. Au bout de vingt-quatre heures, leur canot se fracasse contre des écueils.

Contraints d'escalader des rochers sur plusieurs kilomètres, ils découvrent finalement un territoire immense, peuplé d'hommes et de femmes d'une beauté singulière. Ils se dirigent vers un village et vont de surprise en surprise. Les habitants ont un moyen de transport étrange : des voitures d'une forme et d'une matière brillante, traînées rapidement par de gros moutons rouges.

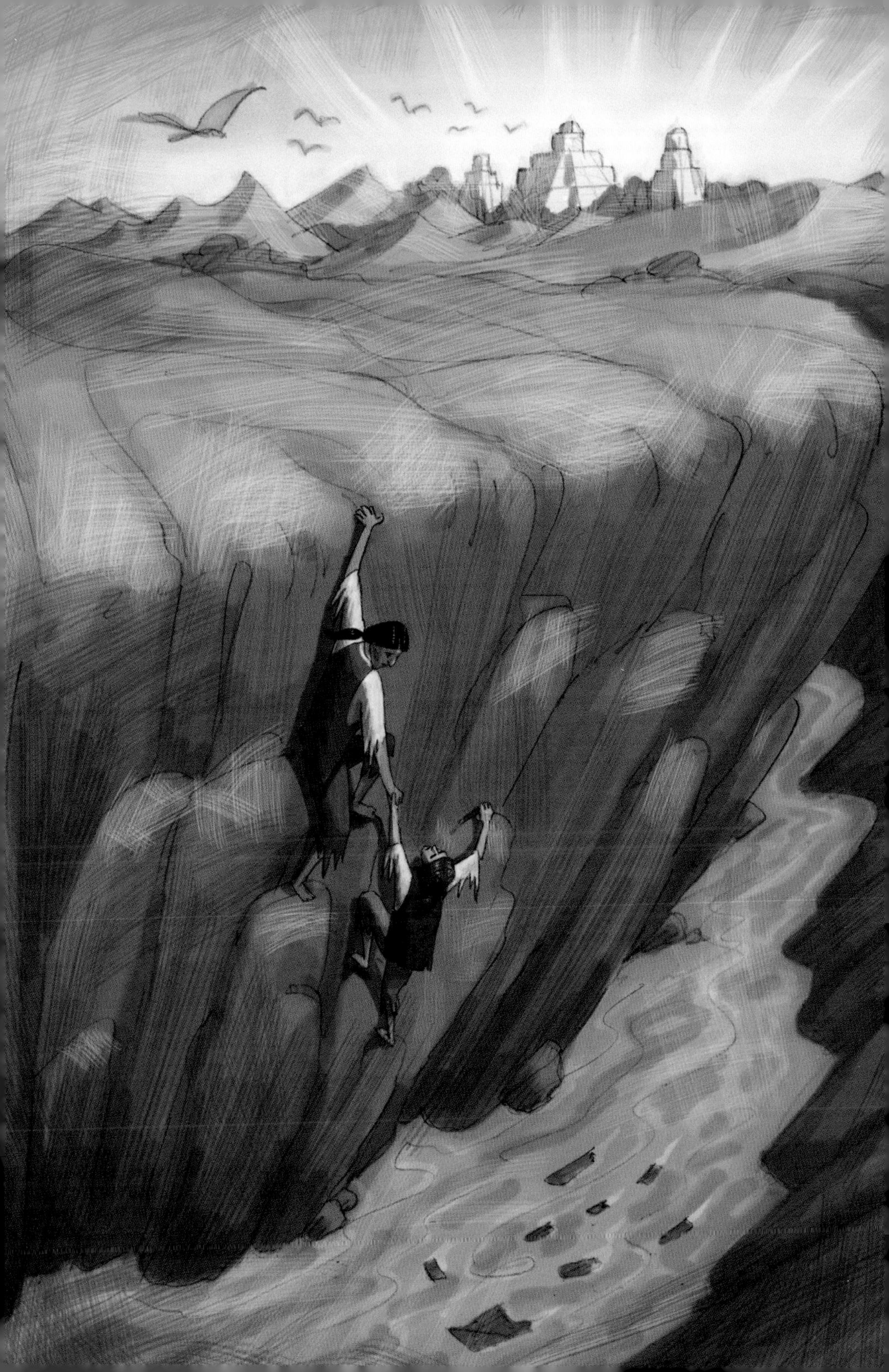

— Voilà un pays qui vaut mieux que la Westphalie, dit Candide.

Ils remarquent alors des enfants à l'entrée du village. Ils jouent au palet[1] avec des pierres colorées qui se révèlent être de l'or, des émeraudes[2] et des rubis[3]. Candide et Cacambo s'empressent[4] d'en ramasser quelques-unes sous l'œil indifférent des passants.

Ils se rendent ensuite dans une auberge. On y parle péruvien, la langue de Cacambo.

— Je vous servirai d'interprète, dit ce dernier à Candide en entrant.

Aussitôt, on les invite à se mettre à table. On leur sert quatre potages garnis de deux perroquets, deux singes rôtis d'un goût excellent, trois cents colibris[5] dans un plat et six cents oiseaux-mouches[6] dans l'autre, le tout suivi de ragoûts[7] et de pâtisseries exquises servies dans des plats en cristal de roche.

Candide veut se servir des pierres précieuses pour payer mais l'aubergiste éclate de rire.

— Nous voyons bien que vous êtes des étrangers... Merci de nous offrir en paiement des pierres de la route parce que vous n'avez pas la monnaie du pays, mais ici toutes les auberges sont payées par le gouvernement. Veuillez nous excuser pour le mauvais repas que vous avez fait car nous ne sommes qu'un pauvre village.

Candide et Cacambo sont stupéfaits et veulent en savoir plus sur ce pays.

L'aubergiste leur indique un vieillard retiré de la cour qui est considéré comme l'homme le plus savant du royaume. Il les amène

1. **jouer au palet** : un jeu qui consiste à lancer avec précision des pierres plates.
2. **une émeraude** : une pierre précieuse de couleur verte.
3. **un rubis** : une pierre transparente et d'un rouge vif.
4. **s'empresser** : se dépêcher.
5. **un colibri** : un tout petit oiseau tropical.
6. **un oiseau-mouche** : une variété de colibri.
7. **un ragoût** : un plat composé de morceaux de viande cuits dans une sauce.

chez lui. Maintenant c'est Cacambo qui a le beau rôle et Candide devient l'accompagnateur de son valet. Ils arrivent dans une maison au décor simple mais dont les portes et les murs sont incrustés d'or et de pierres précieuses. Le vieillard leur tient ce discours :

— J'ai cent soixante et douze ans. Notre royaume est l'ancienne patrie des Incas, détruite par les Espagnols. Nous avons survécu car nous sommes entourés de rochers inabordables et qu'aucun habitant n'est jamais sorti de notre royaume. Ainsi, nous avons conservé notre innocence et nous sommes à l'abri de la rapacité des nations de l'Europe qui, pour avoir nos pierres précieuses, n'hésiteraient pas à tous nous tuer. Les Espagnols connaissent vaguement notre existence, ils appellent notre terre *El Dorado*.

La conversation est longue : ils parlent de la forme de gouvernement, des mœurs, des femmes, des spectacles, des arts... Puis Candide, par l'intermédiaire de Cacambo, interroge le vieillard à propos de la religion :

— Comment priez-vous Dieu ?

— Nous ne le prions pas. Nous n'avons rien à lui demander, nous le remercions seulement de ce qu'il nous a donné.

— Où sont vos prêtres ?

— Nous sommes tous prêtres.

— Quoi ? Vous n'avez pas de moines qui enseignent, gouvernent, complotent et font brûler les gens qui ne sont pas de leur avis ?

— Ici, nous sommes tous du même avis.

Candide, en extase, se demande ce que Pangloss aurait pensé s'il était venu ici. Certes, il n'aurait plus dit que le château de Thunder-ten-Tronckh était ce qu'il y avait de mieux sur la terre. Enfin, ils sont conduits au palais du roi où ils sont reçus en grande cérémonie. Cacambo demande à un officier comment il faut s'y prendre pour saluer Sa Majesté :

— Doit-on se jeter à genoux ou ventre à terre ? Lécher la poussière de la salle ou faire autre chose ?

L'officier répond qu'il suffit d'embrasser le roi sur chaque joue.

Candide et Cacambo sautent donc au cou de Sa Majesté qui les reçoit de manière fort gracieuse et les invite à rester.

Pendant leur séjour, Candide visite la ville, les édifices publics monumentaux, les marchés ornés de mille colonnes et les fontaines odorantes. Il demande à voir la cour de justice, le parlement et les prisons ; à sa stupéfaction, on lui dit qu'il n'y en a pas car il n'y en a nul besoin. Au palais des sciences, Candide s'émerveille devant les instruments de mathématique et de physique.

Cependant, après un mois, Candide désire retourner en Europe. Il dit à son valet :

— Si nous repartons avec quelques moutons chargés de pierres précieuses d'Eldorado, nous serons plus riches que les rois, nous ne craindrons plus les inquisiteurs et nous pourrons reprendre facilement Mlle Cunégonde.

En un instant, les deux heureux décident de ne plus l'être et de dire adieu à Sa Majesté. Le roi ordonne sur le champ à ses ingénieurs de fabriquer une machine pour transporter les deux hommes hors du royaume. Trois mille physiciens y travaillent et, au bout de quinze jours, on met sur la machine Candide, Cacambo, vingt moutons chargés de provisions, et quatre-vingt moutons chargés de cadeaux, d'or, de pierreries et de diamants. Deux grands moutons rouges sont sellés pour leur servir de monture lorsqu'ils auront franchi[8] les montagnes. Désormais, Candide n'a plus d'autre désir que d'aller présenter ses moutons à Mlle Cunégonde.

---

8. **franchir** : passer au-delà de quelque chose.

Après la lecture

Compréhension écrite et orale

piste 07

1 DELF **Écoutez et lisez le chapitre, puis cochez la bonne réponse.**

1 Candide et Cacambo tentent de rejoindre une île de la Guyane
  - a ☐ en naviguant sur le fleuve avec un canot.
  - b ☐ en galopant le long du fleuve.
  - c ☐ en se faisant aider par des indigènes.

2 Les pierres avec lesquelles des enfants jouent près du village
  - a ☐ sont de vulgaires cailloux.
  - b ☐ sont de véritables pierres précieuses.
  - c ☐ sont des saphirs et des opales.

3 Dans l'auberge où ils décident de se restaurer, on leur sert
  - a ☐ un repas raffiné et abondant.
  - b ☐ un repas modeste.
  - c ☐ un repas qui ressemble beaucoup à la cuisine européenne.

4 Afin de renseigner Candide et Cacambo sur le pays où ils sont arrivés par hasard, l'aubergiste les amène chez une personne très âgée
  - a ☐ qui possède une immense fortune.
  - b ☐ qui a le pouvoir absolu sur ces lieux.
  - c ☐ qui a des connaissances étendues.

5 Candide est surpris que, dans le pays d'Eldorado, les prêtres
  - a ☐ qui se disputent finissent toujours par se réconcilier.
  - b ☐ ne se disputent jamais car ils ont toujours la même opinion.
  - c ☐ font brûler les gens qui ne sont pas du même avis qu'eux.

6 Pour saluer le roi qui règne en Eldorado, les invités
  - a ☐ l'embrassent en toute simplicité.
  - b ☐ suivent un protocole compliqué.
  - c ☐ sont tenus d'embrasser ses genoux.

piste 08

2 **Écoutez l'enregistrement, puis complétez le texte à l'aide des mots suivants.**

nations royaume confuse révolutions rochers dernier félicité douze innocence Espagnols cailloux royaume

« J'ai cent soixante et (**1**) .... ans. J'ai appris de mon père, écuyer du roi, les étonnantes (**2**) .... du Pérou dont il avait été témoin. Le (**3**) .... où nous sommes est l'ancienne patrie des Incas, détruite par les (**4**) .... Nous avons survécu car nous sommes entourés de (**5**) .... inabordables et qu'aucun habitant n'est jamais sorti de notre (**6**) .... Ainsi, nous avons conservé notre (**7**) .... et notre (**8**) .... Nous sommes à l'abri de la rapacité des (**9**) .... de l'Europe qui, pour avoir nos (**10**) ...., nous tueraient tous jusqu'au (**11**) .... Les Espagnols ont une connaissance (**12**) .... de notre pays, ils l'appellent *El Dorado* ».

Enrichissez votre vocabulaire

3 **Associez chaque action à l'image correspondante.**

- **a** escalader une montagne
- **b** lécher une glace
- **c** se jeter à genoux
- **d** ramasser des fleurs
- **e** sauter au cou
- **f** s'émerveiller
- **g** suivre le courant
- **h** se fracasser contre les rochers

Grammaire

Les prépositions dans les constructions verbales

En français, certains verbes sont directement suivis de l'infinitif tandis que, pour d'autres verbes, l'infinitif est précédé d'une préposition (***de / à***).

+ **infinitif**	+ *de* + **infinitif**	+ *à* + **infinitif**
aimer, adorer, aller, désirer, détester, espérer, penser, pouvoir, préférer, vouloir...	accepter, arrêter, décider, éviter, empêcher, ordonner, permettre, refuser, regretter, s'empresser...	aider, apprendre, autoriser, chercher, commencer, hésiter, inviter, réussir, servir, se mettre...

***Demander de* ou *demander à* ?**
Demander à + infinitif si le verbe « demander » et l'infinitif **ont le même sujet.**
Candide ***demande à voir*** *la cour de justice* (c'est Candide qui demande et qui voit).

Demander de + infinitif si le verbe « demander » et l'infinitif **n'ont pas le même sujet.**
Le roi leur ***demande de rester*** (le roi demande, mais ce sont Candide et Cacambo qui restent).

4 Complétez les phrases suivantes avec la préposition correcte, si elle est nécessaire.

1 Mathieu regrette .... ne pas partir en voyage scolaire cette année.
2 Dans mon cours d'aquarelle, j'apprends .... peindre des paysages.
3 Rémy veut .... penser à son avenir.
4 Le professeur demande .... voir les cahiers des élèves.
5 Tara a décidé .... poursuivre son entraînement de judo pour devenir ceinture noire.

Avant de lire

1 **Complétez le texte avec les informations relatives au Surinam à l'aide de la carte et des mots suivants.**

> **ethnies Guyana néerlandais 550 000**
> **Paramaribo Amérique du Sud 160 000 km^2**
> **bauxite océan Atlantique Guyane 1667 Brésil**

Le Surinam est un état d' (**1**) .... Il est bordé au nord par l' (**2**) ...., au sud par le (**3**) ...., à l'est par la (**4**) ...., à l'ouest par le (**5**) .... Sa superficie est d'environ (**6**) .... Sa population, qui englobe différentes (**7**) ...., compte environ (**8**) .... personnes. La langue parlée est le (**9**) .... car le Surinam a été une colonie des Pays-Bas de (**10**) .... à 1975. La plupart des habitants habitent dans la capitale, (**11**) .... L'économie du pays est basée sur l'exploitation d'un mineral, la (**12**) ....

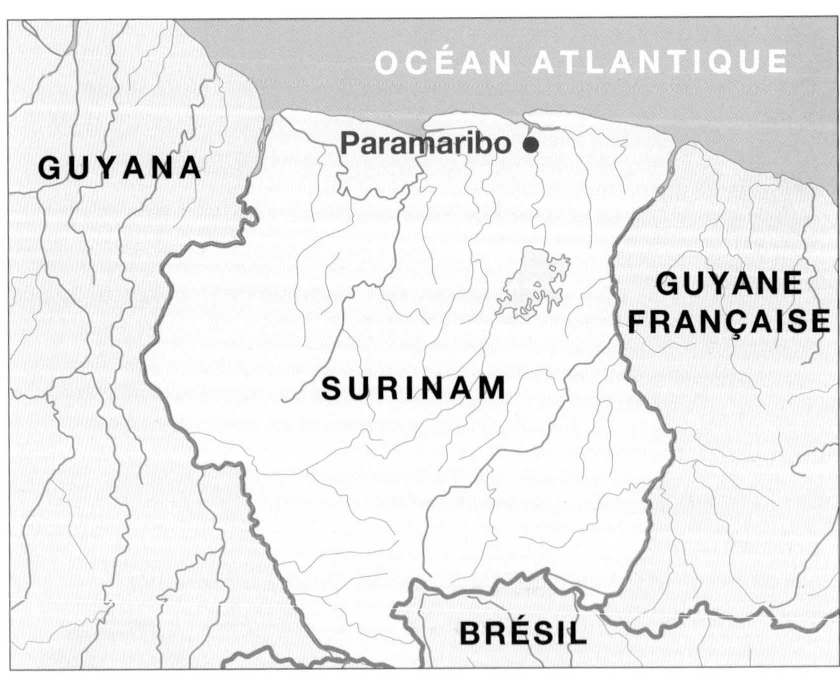

CHAPITRE 7

Candide rencontre Martin

Candide, Cacambo et leurs animaux traversent des territoires pleins de dangers. Les déserts, les marais[1] et les précipices causent la mort de nombreux moutons. Au bout de cent jours, il ne leur en reste que deux. Ils atteignent finalement Surinam. En approchant de la ville, ils rencontrent un esclave noir étendu par terre auquel il manque la jambe gauche et la main droite. Candide, horrifié, lui demande qui l'a mis dans cet état horrible.

piste 09

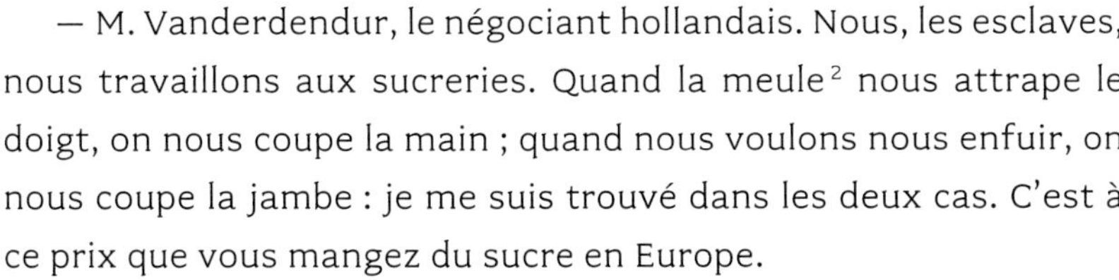

— M. Vanderdendur, le négociant hollandais. Nous, les esclaves, nous travaillons aux sucreries. Quand la meule[2] nous attrape le doigt, on nous coupe la main ; quand nous voulons nous enfuir, on nous coupe la jambe : je me suis trouvé dans les deux cas. C'est à ce prix que vous mangez du sucre en Europe.

1. **un marais** : zone recouverte par des eaux peu profondes et envahie par la végétation.
2. **une meule** : cylindre à axe vertical, en pierre, servant à écraser.

— Ô Pangloss, il faudra qu'à la fin je renonce à mon optimisme, dit Candide.

— C'est quoi l'optimisme ? demande Cacambo.

— C'est s'obstiner à soutenir que tout va bien quand tout va mal, répond Candide qui verse des larmes en regardant l'esclave ; il pleure encore lorsqu'il entre dans Surinam.

Tous deux cherchent un vaisseau en partance pour Buenos Aires. Un capitaine espagnol s'offre à les y amener, mais lorsqu'il entend Candide parler de soustraire Cunégonde au gouverneur, il s'exclame :

— La belle Cunégonde est la maîtresse favorite de monseigneur, nous serons tous pendus !

Candide décide alors de partir pour Venise où rien ne le menace. Il charge Cacambo de racheter Cunégonde au gouverneur, et de la lui amener ensuite à Venise. Pendant ses préparatifs de voyage, Candide est abordé par M. Vanderdendur, également capitaine d'un gros vaisseau. Après leur discussion, ce dernier se doute que le mystérieux voyageur est à la tête d'une immense fortune. Il fait donc monter les prix pour le conduire à Venise. Candide vend deux petits diamants afin de payer d'avance son passage. M. Vanderdendur fait embarquer les moutons chargés d'or sur le vaisseau à la rade tandis que Candide suit l'opération dans un petit bateau. Mais, ô surprise, alors qu'il est sur le point de rejoindre le navire, il le voit mettre à la voile[3] et disparaître à l'horizon. Il vient de perdre de quoi faire la fortune de vingt monarques.

Heureusement, un vaisseau français étant sur le point de partir pour Bordeaux, Candide réussit à louer une chambre à bord à un prix raisonnable. Il fait ensuite savoir qu'il paiera deux mille piastres[4], le passage et la nourriture à un honnête homme qui voudra bien

3. **mettre à la voile** : partir (pour un bateau).

4. **une piastre** : ancienne monnaie espagnole.

voyager avec lui pour le désennuyer[5]. Seule condition : qu'il soit l'homme le plus malheureux de la province. Après avoir écouté une foule de prétendants, il finit par choisir un dénommé Martin ; c'est un pauvre savant qui a exercé le pire métier du monde : il a travaillé dix ans pour les libraires d'Amsterdam.

Pendant leur traversée, Candide raconte à son compagnon de voyage ses malheurs. Il est curieux de savoir ce qu'il pense du mal, qu'il soit physique ou moral. Martin lui répond ainsi :

— Je pense que Dieu a abandonné le monde à quelque être malfaisant. Partout les faibles haïssent les puissants tout en rampant[6] devant eux, alors que les puissants les traitent comme des animaux. Des armées d'assassins courent d'un bout de l'Europe à l'autre et exercent le meurtre pour gagner leur pain, comme s'il s'agissait d'un honnête métier. Dans les villes où tous, apparemment, vivent en paix, les hommes sont dévorés d'envie, de soucis et d'inquiétudes. En un mot, j'en ai tant vu et j'ai tant souffert que je suis devenu manichéen[7].

Au milieu de leur discours, ils entendent un bruit de canon et aperçoivent deux vaisseaux qui combattent au loin. Soudain, l'un des deux tire un coup de canon si bas et si juste qu'il coule l'autre. En un moment, le navire disparaît complètement.

— Eh bien, voilà comme les hommes se traitent les uns les autres, dit Martin.

— Il est vrai qu'il y a quelque chose de diabolique dans cette affaire, réplique Candide.

C'est alors qu'il remarque quelque chose d'un rouge éclatant qui nage près de leur bateau. On détache la chaloupe pour voir ce que ça

---

5. **désennuyer** : empêcher de s'ennuyer.
6. **ramper** : avancer lentement, le ventre au contact du sol.
7. **manichéen** : qui juge tout selon les principes du bien ou du mal, sans nuances.

peut être : c'est l'un de ses moutons. Le vaisseau englouti était celui de M. Vanderdendur ! Candide a plus de joie de retrouver ce mouton-là qu'il n'a été triste d'en perdre cent chargés de diamants d'Eldorado.

— Vous voyez, dit Candide, le crime est puni quelquefois. M. Vanderdendur a eu le sort qu'il méritait...

— Oui, mais fallait-il que les autres passagers meurent aussi ? Dieu a puni cette canaille, le diable a noyé les autres...

On aperçoit enfin les côtes de France. Martin a parcouru plusieurs de ses provinces dans le passé et il n'en a pas une très bonne opinion :

— Partout la principale occupation est l'amour, la seconde de médire et la troisième de dire des sottises [8]. Quant à Paris, c'est un chaos, tout le monde cherche le plaisir, mais presque personne ne le trouve.

Candide n'a nulle curiosité de voir la France, il veut seulement retrouver son cher amour.

— Nous traverserons la France pour aller en Italie et attendre Mlle Cunégonde. M'accompagnerez-vous à Venise ? demande Candide.

— Très volontiers, dit Martin, on dit qu'on y reçoit très bien les riches étrangers. Je n'ai point d'argent, vous en avez, je vous suivrai partout.

Arrivé à Bordeaux, Candide vend quelques pierres précieuses d'Eldorado et laisse son mouton à l'Académie des sciences. Poussé par la curiosité, il décide de faire un détour par Paris en compagnie de Martin. Au cours de leur séjour, ils rencontrent un petit abbé périgourdin [9], l'un de ces gens toujours serviables, qui veulent surprendre les étrangers en leur contant l'histoire scandaleuse de la ville et en leur offrant des plaisirs à tout prix. Grâce à lui, Candide s'initie aux plaisirs de la capitale : les soupers parisiens, le jeu et la rencontre des femmes légères.

---

8. **une sottise** : une stupidité.
9. **Périgourdin(e)** : qui provient du Périgord.

Après la lecture

Compréhension écrite et orale

piste 09

1 Écoutez et lisez le chapitre, puis dites si les affirmations sont vraies (V) ou fausses (F).

		V	F
1	Après un long voyage dangereux, Candide et Cacambo arrivent à Surinam avec seulement deux moutons.	☐	☐
2	Ils rencontrent un esclave amputé qui travaillait dans une fabrique de sucre.	☐	☐
3	L'esclave a été puni pour avoir voulu s'enfuir et Candide est ému de cette triste destinée.	☐	☐
4	Candide continue à penser que les théories de Pangloss sont justes.	☐	☐
5	M. Vanderdendur est un riche hollandais qui possède des sucreries et des navires.	☐	☐
6	Candide part pour Bordeaux avec une personne qui se prénomme Martin.	☐	☐
7	Martin partage les mêmes idées que Pangloss.	☐	☐
8	Martin veut que Candide visite Paris car il pense que c'est une ville extraordinaire.	☐	☐
9	Candide est assez riche car à Bordeaux il a pu vendre certaines de ses pierres précieuses.	☐	☐
10	Candide décide de visiter Paris sans Martin.	☐	☐

2 Dites qui prononce ces phrases.

Candide Cacambo Martin l'esclave

1 « C'est à ce prix que vous mangez du sucre en Europe ». ....
2 « C'est quoi l'optimisme ? ». ....
3 « Je pense que Dieu a abandonné le monde à quelque être malfaisant ». ....
4 « Vous voyez, le crime est puni quelquefois ». ....
5 « Je n'ai point d'argent, vous en avez, je vous suivrai partout ». ....

Enrichissez votre vocabulaire

3 Associez chaque mot à son synonyme.

1	☐	vaisseau	a	profession
2	☐	envie	b	richesse
3	☐	triste	c	navire
4	☐	métier	d	tarif
5	☐	inquiétude	e	désir
6	☐	assassin	f	affligé
7	☐	prix	g	préoccupation
8	☐	fortune	h	meurtrier

piste 10

4 Écoutez ce que raconte l'esclave de Surinam à Candide, puis corrigez les erreurs qui se sont glissées dans ce texte.

Ma mère me disait : « Mon cher garçon, tu as l'honneur d'être esclave de nos maîtres les blancs et tu fais par là le bien de ton père et de ton frère ». Hélas ! Je ne sais pas si j'ai fait leur fortune mais ils n'ont pas fait la mienne. Les chiens, les singes et les oiseaux sont cent fois moins malheureux que nous ; les prêtres espagnols qui m'ont converti me disent tous les jours que nous sommes tous enfants d'Adam, blancs et noirs. Je ne suis pas savant, mais si ces prêcheurs disent vrai, nous sommes tous cousins. Or, vous m'avouerez qu'on ne peut pas agir avec sa famille d'une manière plus horrible.

Production écrite

5 DELF Dans la vie, vous êtes plutôt pessimiste ou optimiste ? Donnez des exemples pour illustrer ce trait de votre personnalité.

Production orale

6 DELF L'esclavage n'a disparu de nos sociétés modernes, il prend d'autres formes : travail forcé, travail des enfants, servitude domestique, etc. Comment l'arrêter ? Donnez votre opinion à ce sujet.

Avant de lire

1 **Regardez la carte pour retrouver l'itinéraire de Candide et Martin. Rejoignez d'un trait les différentes étapes de leur parcours, en suivant l'ordre des lieux indiqués ci-dessous.**

1 Bordeaux 2 Basse-Normandie 3 Paris
4 Portsmouth 5 Venise

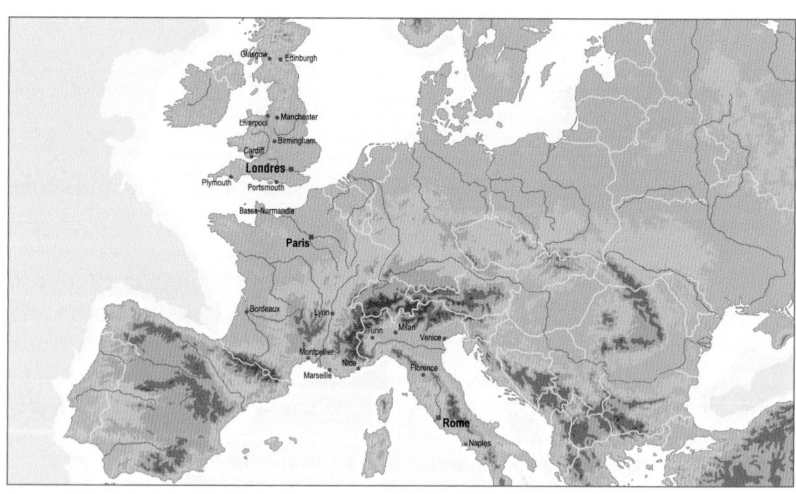

2 **Qu'est-ce qui est arrivé aux différents personnages à ce point de l'histoire ? Associez à chaque personnage la dernière information qui vous a été communiquée.**

1 ☐ Cacambo
2 ☐ Jacques
3 ☐ Pangloss
4 ☐ Cunégonde
5 ☐ Candide
6 ☐ La vieille
7 ☐ Le frère de Cunégonde
8 ☐ Martin

a Précipité en mer.
b Pendu par l'inquisition.
c Au service de Cunégonde.
d A reçu de Candide un coup d'épée dans le ventre.
e Accompagne Candide de partout.
f Doit ramener Cunégonde à Candide.
g A épousé don Fernando.
h Goûte les plaisirs de la capitale.

CHAPITRE 8

L'aventure vénitienne

Un soir, Candide soupe chez une dame qui se fait appeler la marquise de Parolignac. Il perd cinquante mille francs au jeu et deux diamants passent directement des doigts de Candide à ceux de la fausse marquise lorsqu'elle parvient à le séduire. Candide ressent ensuite quelques regrets d'avoir été infidèle à Cunégonde. Il ouvre son cœur à l'abbé qui semble prendre un intérêt grandissant à ses affaires. Engagé par le plaisir de parler de Cunégonde, Candide lui raconte une partie de ses aventures.

— Figurez-vous, dit-il, que je lui ai envoyé un exprès[1] à deux mille cinq cents lieues d'ici dont j'attends encore la réponse.

L'abbé écoute attentivement, puis prend congé en embrassant tendrement les deux étrangers. Le lendemain Candide reçoit la lettre suivante :

1. **un exprès** : un type de lettre par porteur spécial.

Mon cher amant, j'apprends que vous êtes dans cette ville. Je volerais dans vos bras si je pouvais me déplacer, mais je suis très malade. J'ai laissé Cacambo et la vieille à Bordeaux. Venez, votre présence me rendra la vie, ou me fera mourir de plaisir.

Partagé entre la joie de revoir Cunégonde et la douleur de la savoir malade, il prend son or et ses diamants et se fait conduire avec Martin à l'hôtel où elle demeure. Entré dans la chambre, il veut ouvrir les rideaux du lit pour voir Cunégonde.

— Ne faites pas cela, la lumière la tue, lui dit la suivante.

— Ma chère, si je ne peux vous voir, au moins parlez-moi, dit Candide en pleurant.

— Elle ne peut pas parler, répond la suivante.

Soudain, une main potelée[2] apparaît. Candide l'arrose de larmes[3] et la remplit de diamants en laissant un sac plein d'or sur un fauteuil. C'est alors qu'arrive un exempt[4], suivi de l'abbé et d'une escouade[5]. Il fait saisir[6] les deux visiteurs et ordonne de les mettre en prison. Martin en déduit que l'abbé et la fausse Cunégonde sont deux voleurs. Il conseille à Candide de proposer à l'exempt trois diamants d'une grande valeur afin de l'appâter[7].

— Monsieur, dit l'exempt, criminel ou pas, vous êtes le plus honnête homme du monde ! Je me ferais tuer pour vous. J'ai un frère à Dieppe en Normandie, je vais vous y mener et, si vous avez quelque diamant pour lui, il aura bien soin de vous.

---

2. **potelé** : un peu gras.
3. **arroser de larmes** : pleurer abondamment.
4. **un exempt** : un officier de police à l'époque de Voltaire.
5. **une escouade** : un groupe de soldats à l'époque de Voltaire.
6. **saisir** : attraper.
7. **appâter** : attirer.

Aussitôt dit, aussitôt fait, Candide et Martin sont relâchés. Ils partent pour la Basse-Normandie et de là, grâce au frère de l'exempt, ils s'embarquent dans un vaisseau en partance pour Portsmouth, en Angleterre. Là-bas, ils s'accordent avec un capitaine hollandais pour les conduire sans délai à Venise, où ils arrivent bientôt. Candide embrasse Martin.

— C'est ici que je vais revoir la belle Cunégonde grâce au fidèle Cacambo. Tout est bien, tout va pour le mieux.

Dès leur arrivée, Candide fait chercher Cacambo dans tous les lieux de la ville mais, hélas, on ne le trouve point. Les semaines passent et le désespoir l'envahit. Martin, lui, n'est aucunement surpris, il pense que Cacambo a empoché l'argent mis à sa disposition et ne reviendra jamais.

C'est alors que Candide fait une rencontre imprévue à la place Saint-Marc. Alors que Martin cherche de le convaincre qu'il y a peu de vertu et de bonheur sur la terre, Candide remarque deux jeunes gens souriants, en apparence amoureux l'un de l'autre. Le jeune homme est un théatin[8] et la jeune fille qui l'accompagne est fort jolie. Comme Martin, plutôt pessimiste, met en doute leur bonheur, Candide décide de les inviter à dîner pour lui prouver qu'ils sont heureux. Le soir, pendant que son compagnon, Frère Giroflée, reste dans la salle à manger et boit son coup en attendant le dîner, la jeune fille entre dans la chambre de Candide :

— Eh, quoi ! Monsieur ne reconnaît plus Paquette ! lui lance-t-elle.

Candide, qui ne l'avait pas examinée jusque-là avec attention, reconnaît la suivante de madame la baronne de Thunder-ten-Tronckh. Elle lui raconte alors sa pauvre vie : chassée du château

8. **un théatin** : religieux membre d'une congrégation.

peu de temps après Candide car elle était la maîtresse de Pangloss, la pauvre fille n'a réussi à survivre qu'en se prostituant.

— Ah monsieur, si vous saviez ma vie : simuler le bonheur pour séduire les hommes, exposée à toutes les insultes, volée, rançonnée[9] et n'avoir en perspective qu'une vieillesse affreuse à l'hôpital, vous concluriez que je suis une des plus malheureuses créatures du monde, dit-elle.

Rejoignant Frère Giroflée pour le repas, Candide apprend alors de sa bouche que le jeune homme a été forcé à quinze ans de rentrer dans les ordres[10] afin de laisser sa fortune à son frère aîné. Le peu d'argent qu'il gagne lui sert à entretenir des filles, mais sa vie au monastère est un enfer : il a été tenté d'y mettre le feu plus de cent fois car il n'y règne que jalousie et discorde. À la fin du repas, Candide donne deux mille piastres à Paquette et mille à son compagnon. Alors que Martin lui fait remarquer qu'il s'est trompé, Candide, toujours optimiste, lui répond :

— Il en sera ce qui pourra, mais une chose me console, c'est qu'on retrouve souvent les gens qu'on ne croyait jamais retrouver. Puisque j'ai retrouvé mon mouton rouge et Paquette, il se pourrait bien que je rencontre aussi Cunégonde.

9. **rançonner** : faire payer une somme d'argent en échange de quelque chose.
10. **rentrer dans les ordres** : se faire prêtre.

Après la lecture

Compréhension écrite et orale

piste 11

1 DELF Écoutez et lisez le chapitre, puis cochez la bonne réponse.

1 À Paris, Candide
- a ☐ sort souvent et profite de la vie parisienne.
- b ☐ se renferme dans des salles de jeux où il perd toute sa fortune.
- c ☐ a beaucoup de maîtresses pour oublier Cunégonde.

2 L'abbé périgourdin est une personne
- a ☐ honnête, qui veut aider Candide par tous les moyens car ce dernier est fort malheureux.
- b ☐ malhonnête, qui essaie de profiter de la naïveté de Candide pour lui soutirer de l'argent.
- c ☐ malhonnête, qui s'est associé à Martin pour soutirer de l'argent à Candide.

3 Candide reçoit une lettre importante
- a ☐ avant d'avoir parlé de Cunégonde à l'abbé périgourdin.
- b ☐ après avoir parlé de Cunégonde à l'abbé périgourdin.
- c ☐ après avoir parlé à Martin de ses soucis avec Cunégonde.

4 En arrivant à l'hôtel particulier où Cunégonde affirme résider dans sa lettre, Candide
- a ☐ réussit finalement à parler avec Cunégonde.
- b ☐ réussit à voir Cunégonde mais il ne peut pas lui parler.
- c ☐ ne réussit ni à voir Cunégonde, ni à lui parler.

5 Candide a risqué la prison, mais il est sauvé grâce à
- a ☐ l'abbé périgourdin qui connaît bien l'exempt.
- b ☐ la fausse Cunégonde qui dénonce l'abbé à l'exempt.
- c ☐ Martin qui suggère à Candide d'acheter sa liberté avec des diamants.

Enrichissez votre vocabulaire

2 Associez chaque mot ou expression à l'image correspondante.

a une personne potelée
b un abbé
c les rideaux d'un lit
d un hôtel particulier
e un monastère
f une escouade
g un diamant
h une marquise
i une lettre exprès

Production orale

3 DELF Vous est-il arrivé d'être l'objet d'une plaisanterie ? Si ce n'est pas le cas, pensez à quelqu'un de votre entourage. Décrivez en quoi consistait la blague, qui en était l'auteur et votre réaction (ou celle de la personne de votre entourage).

Avant de lire

1 Associez chaque mot à l'image correspondante.

a un sultan de Turquie
b la Transylvanie
c une galère
d un forçat
e un cédrat
f du linge
g un apothicaire
h un chevalier de Malte

CHAPITRE 9

Épilogue à Constantinople

piste 12

Un soir, alors que Candide et Martin se préparent à dîner, un homme au visage couleur de suie[1] aborde Candide et lui dit :

— Cunégonde est à Constantinople. Je ne peux en dire davantage car je suis esclave et mon maître m'attend. Soyez prêt à partir avec nous.

Candide reconnaît alors Cacambo. Le cœur agité à l'idée de revoir sa maîtresse, il se met à table avec Martin et six étrangers venus passer le Carnaval à Venise. Or, une scène fort étrange se déroule pendant le repas. Chaque convive étranger reçoit la visite de son domestique qui l'invite à partir sur le champ. Ils apprennent alors que tous sont des rois ou des héritiers royaux détrônés. Le maître de Cacambo s'appelle Achmet III, c'est un ancien sultan de

1. **la suie** : substance noire que la fumée dépose.

Turquie ; quant aux autres, ils viennent de Russie, d'Angleterre, de Pologne et même de Corse. Tous déchus[2] de leurs droits, ces étrangers en fuite s'en remettent à la Providence.

Le sultan Achmet, en fuite vers Constantinople, accepte d'amener Candide et Martin sur son vaisseau. Candide retrouve alors Cacambo qu'il presse de questions. Il apprend que Cunégonde est esclave chez un prince de Transylvanie près de Constantinople et qu'elle est devenue horriblement laide.

— Que de catastrophes, dit Candide. Mais après tout j'ai encore quelques diamants pour la délivrer. Belle ou laide, je suis honnête homme et mon devoir est de l'aimer toujours !

Arrivés à Constantinople, Candide rachète très cher Cacambo et se précipite dans une galère avec ses compagnons afin d'aller chercher Cunégonde. Parmi les condamnés, il en remarque deux qui reçoivent des coups de fouet car ils rament[3] fort mal. Ému de leurs souffrances, il dit à Cacambo que leurs traits lui rappellent Maître Pangloss et monsieur le baron, le frère de Cunégonde. En entendant leur conversation, les deux forçats poussent un cri et laissent tomber leurs rames. Ce sont eux ! Ils s'embrassent tous et parlent tous à la fois. Candide paie tout de suite la liberté du baron et de Pangloss et s'enquiert de leur présence à bord.

Le baron raconte les péripéties qui ont suivi le coup d'épée de Candide : guéri par un apothicaire du collège, enlevé, emprisonné, il a ensuite rejoint Constantinople pour servir d'aumônier[4] à l'ambassadeur de France. Surpris à se baigner tout nu avec une personne de la suite[5] du sultan, il a été condamné aux galères.

---

2. **déchu** : qui a perdu son titre.
3. **ramer** : utiliser des rames pour faire avancer une embarcation.
4. **un aumônier** : un représentant d'un culte religieux.
5. **une suite** : un ensemble de personnes au service d'un personnage important.

Épilogue à Constantinople

Pangloss raconte qu'il pleuvait le jour de l'auto-da-fé et que, par conséquent, le feu ne pouvant être allumé, il devait être pendu. Cependant, si l'exécuteur de l'inquisition brûlait les gens à merveille, il n'était pas habitué à pendre. La corde a glissé et Pangloss s'est évanoui. Il s'est réveillé chez un chirurgien qui avait acheté son corps pour le disséquer[6]. Guéri par ce même chirurgien, il est devenu le domestique d'un chevalier de Malte qui allait à Venise, puis d'un marchand vénitien qu'il a suivi jusqu'à Constantinople. Lui, il a été envoyé aux galères pour avoir flatté[7] d'un peu trop près une jeune dévote dans une mosquée.

— Eh bien mon cher Pangloss, quand vous avez été pendu et que vous ramiez aux galères, pensiez-vous toujours que tout allait le mieux du monde ?

— Bien sûr, car Leibniz[8] ne peut pas avoir tort et l'harmonie préétablie est la plus belle chose du monde...

Pendant cette discussion philosophique, la galère rejoint le rivage où se trouve la maison du prince de Transylvanie. Ils aperçoivent Cunégonde et la vieille. Le tendre Candide, en voyant sa belle Cunégonde rembrunie, les yeux éraillés[9], les joues ridées, recule saisi d'horreur, puis il s'avance vers elle. Tout le monde s'embrasse. Candide les rachète toutes deux. Or, Cunégonde ne sait pas qu'elle est devenue très laide. Elle rappelle à Candide ses promesses d'un ton si absolu qu'il n'ose pas la refuser. Son frère, cependant, n'est pas d'accord :

— Ma sœur n'épousera qu'un baron de l'Empire.

---

6. **disséquer** : ouvrir un corps pour l'étudier.
7. **flatter** : faire des compliments à quelqu'un pour séduire.
8. **Leibniz (Leibnitz en allemand)** : philosophe, mathématicien, juriste, historien et diplomate allemand du 18ème siècle.
9. **les yeux éraillés** : les yeux injectés de sang.

Candide est hors de lui :

— Je t'ai sauvé des galères, j'ai payé ta rançon[10] et celle de ta sœur. Je te retuerais si j'écoutais ma colère.

Il consulte Pangloss, Martin et Cacambo et finit par décider qu'il faut le remettre aux galères. Ce projet, approuvé par la vieille, est exécuté rapidement sans que Cunégonde le sache. Candide peut finalement épouser sa bien-aimée.

N'est-il pas naturel d'imaginer les deux époux, riches des diamants d'Eldorado, entourés de leurs fidèles compagnons, mener la vie la plus agréable du monde ? Eh bien non ! Le bon Candide, propriétaire d'une métairie[11], s'appauvrit, victime de sa gentillesse et de sa crédulité, Cunégonde devient chaque jour plus laide et insupportable, l'état de santé de la vieille se dégrade, Pangloss regrette les universités allemandes, Cacambo maudit sa vie de domestique, quant à Martin, il est persuadé qu'on est mal partout de toute façon. L'ennui ronge leur petite société.

Un jour, ils apprennent qu'on vient d'assassiner deux vizirs[12], le muphti[13] de Constantinople ainsi que plusieurs de leurs amis. Alors qu'ils discutent de cette terrible nouvelle, Pangloss, Candide et Martin rencontrent un bon vieillard qui prend le frais à sa porte. Ils lui demandent comment se nomme le muphti qu'on vient de tuer.

— Je n'en sais rien. Je n'ai jamais su le nom d'aucun muphti ni d'aucun vizir. J'ignore absolument l'aventure dont vous me parlez. Je ne m'informe jamais de ce qu'on fait à Constantinople. Je me contente d'y vendre les cédrats et les pistaches du jardin que je cultive.

---

10. **rançon** : somme d'argent exigée pour la délivrance de quelqu'un retenu prisonnier.
11. **une métairie** : un type de propriété agricole où l'exploitant rétribue le propriétaire avec une partie des récoltes.
12. **le vizir** : le ministre d'un prince musulman.
13. **le muphti** : l'interprète officiel de la loi musulmane ; il rend des sentences.

CHAPITRE 9

— Vous devez avoir une vaste et magnifique terre ? lui demande Candide.

— Non, je n'ai qu'une modeste terre ; je la cultive avec mes enfants ; le travail éloigne de nous trois grands maux : l'ennui, le vice et le besoin.

Candide en conclut que le vieillard a un sort bien préférable à celui des six rois de Venise. Martin en convient :

— Il faut travailler sans raisonner, c'est le seul moyen de rendre la vie supportable.

Toute la petite société se met alors à exercer ses talents. La petite terre de Candide finit par rapporter beaucoup, Cunégonde, bien que laide, devient une excellente pâtissière et la vieille s'occupe du linge. Pangloss dit parfois à Candide :

— Tous les événements sont enchaînés dans le meilleur des mondes possibles ; car enfin, si vous n'aviez pas été chassé d'un beau château à grands coups de pied dans le derrière pour l'amour de Mlle Cunégonde, si vous n'aviez pas été mis à l'inquisition, si vous n'aviez pas donné un bon coup d'épée au baron, si vous n'aviez pas perdu tous vos moutons d'Eldorado, vous ne mangeriez pas ici des cédrats confits et des pistaches.

— Cela est bien dit, mais il faut cultiver notre jardin, répond Candide.

Après la lecture

Compréhension écrite et orale

piste 12

1 Écoutez et lisez le chapitre, puis associez chaque fin de phrase au début correspondant.

1 ☐ Chaque convive étranger reçoit la visite de son domestique
2 ☐ En entendant leur conversation
3 ☐ Le baron raconte les péripéties
4 ☐ Si l'exécuteur de l'inquisition brûlait les gens à merveille,
5 ☐ Elle rappelle à Candide ses promesses d'un ton si absolu
6 ☐ Il consulte Pangloss, Martin et Cacambo et finit par décider
7 ☐ J'ignore absolument l'aventure
8 ☐ Si vous n'aviez pas perdu tous vos moutons d'Eldorado,

a qu'il faut le remettre aux galères.
b dont vous me parlez.
c il n'était pas habitué à pendre.
d qu'il n'ose pas la refuser.
e les deux forçats poussent un cri.
f vous ne mangeriez pas ici des cédrats confits et des pistaches.
g qui ont suivi le coup d'épée de Candide.
h qui l'invite à partir sur le champ.

2 Dites si les affirmations sont vraies (V) ou fausses (F).

		V	F
1	Cacambo est devenu l'esclave d'un ancien sultan de la Turquie.	☐	☐
2	Candide et Martin voyageront avec Achmet III qui part pour la Turquie.	☐	☐
3	Dans le bateau, Candide reconnaît Pangloss et le frère de Cunégonde et rachète leur liberté.	☐	☐
4	Candide finit par retrouver sa chère Cunégonde, toujours désirable, dont il est toujours amoureux.	☐	☐

Enrichissez votre vocabulaire

3 Choisissez l'option qui donne la signification correcte des expressions suivantes.

1 Des héritiers détrônés :
- a ☐ qui ont perdu leur trône.
- b ☐ qui ont repris leur trône.

2 Aborder quelqu'un :
- a ☐ tourner autour de quelqu'un.
- b ☐ s'approcher de quelqu'un.

3 Inviter quelqu'un à partir sur le champ :
- a ☐ dans le champ d'à côté.
- b ☐ tout de suite.

4 Il faut cultiver notre jardin :
- a ☐ il faut faire pousser des fruits et des légumes dans son jardin.
- b ☐ il faut être acteur de son propre bonheur en exerçant ses talents.

Production écrite

4 DELF Le bonheur, c'est quoi pour vous ? Est-ce lié à quelque chose ou à quelqu'un en particulier ? Ou bien s'agit-il tout simplement d'un état d'esprit ? Répondez à ces questions en donnant vos « recettes » personnelles pour atteindre le bonheur.

Le quartier de l'Alfama à Lisbonne.

Trois lieux de Candide

Lisbonne

Au 18ème siècle, Lisbonne était une ville prestigieuse, au fort développement économique. En effet, dans les siècles précédents, elle était le point de départ des explorations maritimes qui ont fait du Portugal un des principaux empires coloniaux et l'ont considérablement enrichi.

Le 1er novembre 1755, Lisbonne a été touchée par un terrible tremblement de terre. Quatre secousses se sont succédées, détruisant une grande partie de la ville. Elles ont été suivies d'un tsunami et d'un incendie qui ont fait des dommages considérables. Si les dégâts matériels se sont révélés immenses (effondrement[1] de la plupart des habitations, églises, palais royaux et disparition de nombreuses œuvres d'art), ce sont surtout les pertes humaines qui sont restées dans la mémoire collective. La ville de Lisbonne a été reconstruite, sacrifiant la ville médiévale qui comprenait les anciens quartiers

1. **effondrement** : affaissement brusque du sol, écroulement.

musulmans (Cerca Moura) selon un plan d'urbanisme plus moderne. De nos jours, les principaux quartiers de Lisbonne sont le Baixa et le Chiado (entièrement reconstruits après le tremblement de terre). L'Alfama reste le plus vieux quartier de Lisbonne, le seul qui ait survécu au séisme[2]. Il renferme les monuments historiques les plus importants et il est aujourd'hui le quartier jeune et de tendance de Lisbonne.

Le mythe de l'Eldorado

Le terme « Eldorado » (le doré) se réfère à un lieu mystérieux qui, selon la légende, déborderait d'or. Tout a commencé au 16ème siècle lorsque des *conquistadores* espagnols débarquent en Amérique du Sud et, en voyageant dans un territoire correspondant à la Colombie d'aujourd'hui, entrent en contact avec une tribu indienne, les Muiscas. Ces derniers semblent être en possession d'une grande quantité d'or et d'émeraudes dont ils font don occasionnellement aux *conquistadores*. La légende

2. **séisme** : mouvement brusque, secousse de l'écorce terrestre. Synonyme de tremblement de terre.

La lagune de Guatavita, en Colombie, où se déroulaient les rituels sacrés des Muiscas.

d'une région secrète où l'or coulerait à flot a donné lieu à de nombreuses expéditions. Cependant, selon les plus récentes découvertes, Eldorado ne serait pas un lieu mais une personne. En effet, le chef de la tribu des Muiscas était surnommé « Eldorado » par les *conquistadores* car il était recouvert de poudre d'or au cours des cérémonies.

Constantinople, la porte de l'Orient

Au 18ème siècle, Constantinople était la capitale de l'Empire Ottoman. La ville avait connu son heure de gloire deux siècles auparavant, à l'époque de Soliman le Magnifique qui était à la tête d'un immense territoire. À l'époque où Voltaire écrit *Candide*, l'Empire Ottoman est en déclin, mais il fascine l'Europe par sa cour raffinée, le faste de ses costumes et le mystère de son sérail[3]. En 1923, à la création de la République Turque, Constantinople prend le nom d'Istanbul. Elle reste aujourd'hui une ville cosmopolite de plus de quinze millions d'habitants dont le patrimoine reflète la richesse de son passé.

3. **sérail** : palais du sultan dans l'ancien Empire Ottoman ; le terme désigne aussi le harem, la partie du palais réservée aux femmes et aux enfants.

Le pont de Galata à Istanbul qui relie la ville moderne à la vieille cité de Constantinople.

Compréhension écrite

1 **Lisez le dossier, puis dites si les affirmations sont vraies (V) ou fausses (F).**

		V	F
1	À l'époque de Voltaire, Lisbonne était un des principaux empires coloniaux.	☐	☐
2	La ville de Lisbonne a été reconstruite à la suite d'un important tremblement de terre au 18ème siècle.	☐	☐
3	Après le tremblement de terre, l'ancien quartier musulman de Lisbonne est resté intact.	☐	☐
4	Le peuple qui possédait une grande quantité d'or à l'époque de la conquête espagnole s'appelait les Muiscas.	☐	☐
5	L'Eldorado était jusqu'à présent considéré comme un lieu, mais en fait le terme se référait à une personne.	☐	☐
6	Au 18ème siècle l'Empire Ottoman était en pleine expansion.	☐	☐

2 **À quel lieu les phrases suivantes se rapportent-elles ? Soulignez l'option correcte.**

1 *Lisbonne / Eldorado / Constantinople* a changé de nom il y a un siècle environ.

2 La Cerca Moura était un ancien quartier musulman de *Lisbonne / Eldorado / Constantinople*.

3 Au 16ème siècle, *Lisbonne / Eldorado / Constantinople* était probablement situé dans la Colombie actuelle.

4 Le quartier le plus de tendance de *Lisbonne / Eldorado / Constantinople* s'appelle Alfama.

5 *Lisbonne / Eldorado / Constantinople* avait reçu la visite des *conquistadores* espagnols au 16ème siècle.

6 Les explorations maritimes sont parties de *Lisbonne / Eldorado / Constantinople* et ont fait la fortune du pays.

1 Remettez les dessins dans l'ordre chronologique de l'histoire, puis associez un titre à chaque image.

2 Dites si les affirmations suivantes sont vraies (V) ou fausses (F).

		V	F
1	Lorsqu'il quitte le château de Thunder-ten-Tronckh, Candide rejoint volontairement l'armée bulgare.	☐	☐
2	Candide est recueilli par un généreux anabaptiste prénommé Jacques.	☐	☐
3	L'auto-da-fé a lieu à Lisbonne en présence de Cunégonde.	☐	☐
4	Cunégonde et la vieille s'enfuient en Espagne avec Candide après que ce dernier a tué l'inquisiteur et don Issacar.	☐	☐
5	La vieille est née dans une noble famille.	☐	☐
6	Candide et Cacambo sont expulsés de l'Eldorado.	☐	☐
7	Lorsque Candide retourne en Europe, il charge Cacambo de retrouver Cunégonde.	☐	☐
8	Candide ne retrouvera jamais Cacambo.	☐	☐

3 Cochez la bonne réponse.

1 Voltaire était un écrivain qui
- a ☐ a passé presque toute sa vie en Angleterre.
- b ☐ s'intéressait surtout à la tragédie et à la poésie.
- c ☐ combattait pour des causes importantes à travers la littérature.

2 En ce qui concerne la Providence, Voltaire
- a ☐ pensait qu'elle n'existait pas et que l'homme devait se débrouiller tout seul.
- b ☐ pensait que grâce à elle, on ne devait se préoccuper de rien.
- c ☐ était d'accord avec Rousseau à ce sujet.

3 Les principales critiques de Voltaire dans *Candide* sont
- a ☐ la monarchie, la rigidité des classes sociales, le commerce.
- b ☐ la religion, l'esclavage, les théories de Leibniz, la guerre.
- c ☐ l'encyclopédie, le théâtre, les théories de Rousseau, l'Angleterre.

4 **Qu'est ce que c'est ? Associez chaque mot à l'image correspondante.**

a un cachot
b un san-benito
c un auto-da-fé
d un inquisiteur
e une écuelle
f un jeu
g un harem
h une mosquée
i des cailloux

Les structures grammaticales employées dans les lectures graduées sont adaptées à chaque niveau de difficulté. Tu peux trouver sur notre site Internet, blackcat-cideb.com, la liste complète des structures utilisées dans la collection.
L'objectif est de permettre au lecteur une approche progressive de la langue étrangère, un maniement plus sûr du lexique et des structures grâce à une lecture guidée et à des exercices qui reprennent les points de grammaire essentiels.
Cette collection de lectures se base sur des standards lexicaux et grammaticaux reconnus au niveau international.

Niveau Trois

Les pronoms personnels groupés
Les pronoms relatifs simples (*où/dont*) et composés
La mise en relief
Le discours indirect au passé
La forme passive
Le passé simple, le plus-que-parfait, le futur antérieur
Le conditionnel présent et passé
Le subjonctif (identification)
Le passé récent
L'infinitif
Le gérondif
L'accord du participe passé (particularités)
La concordance des temps
Les phrases hypothétiques complexes

Niveau Trois

Si tu as aimé cette lecture, tu peux essayer aussi...

- *Le comte de Monte-Cristo*, d'Alexandre Dumas
- *Le fantôme de l'Opéra*, de Gaston Leroux
- *Le tour du monde en 80 jours*, de Jules Verne (Compétences de la vie)

Niveau Quatre

...ou tu peux choisir un titre du niveau suivant !

- *Double assassinat dans la rue Morgue et La lettre volée*, de Edgar Allan Poe
- *Le Mystère de la chambre jaune*, de Gaston Leroux
- *Vengeance à la Réunion*, de Nicolas Gerrier